도시부동산 투자금융론

원제무 · 서은영

박영사

머·리·말

　　강대국간의 무역전쟁과 신흥국 불안, 코로나 바이러스의 전파 등 세계 곳곳에서 발생하고 있는 다양한 리스크로 금융위기가 재연될 수 있다는 우려가 고개를 들고 있다. 위기는 반복된다는 10년 주기설도 터져 나온다. 글로벌 부동산 시장에서도 이러한 여파가 드러나고 있다. 글로벌 부동산 시장은 금융위기 이후 수년간 지속된 중앙은행의 저금리 기조에 힘입어 강세를 보여왔다. 중앙은행이 풀어놓은 막대한 양적완화 유동성이 부동산을 비롯한 각종 자산으로 흘러 들어가면서 가격을 밀어 올렸다. 도시부동산 패러다임의 급격한 변화 속에서 도시부동산 시장은 끊임없는 변화를 계속하고 있다. 이런 관점에서 이 책은 도시부동산 투자금융에 대한 다양한 이론, 투자방법, 정책 등을 알기 쉽게 안내해 주고 있다. 도시부동산 프로젝트의 유형 및 과정, 화폐가치, 수익률 분석, 프로젝트 파이낸싱 등을 종횡무진 누비는 흡인력으로 어느새 우리를 도시부동산 투자금융 속으로 깊숙이 끌어들이고 있다.

　　이렇듯 도시 부동산 시장은 글로벌 경기와 떼려야 뗄 수 없는 밀접한 관계를 지니고 있는 것이다. 최근 비즈니스 인사이더(BI)(http://news.einfomax.co.kr)는 "금융과 주택시장이 10여 년간 누려왔던 느슨한 환경이 종말을 맞이하고 있다"고 한다. 이와 함께 "고가의 부동산 시장을 시작으로 전반적인 부동산 시장의 조정이 시작될 것"이라고 내다보기도 한다. 이렇게 불안전한 글로벌 경제 속에서 도시와 부동산 개발 프로젝트는 지금까지 해 오던 방식과 패러다임대로 추진해도 되는 것인지, 급변하는 글로벌 경제환경에 적응하려면 어떤 방법론으로 무장하는지에 대한 성찰과 고민이 필요한 시기인 것이다. 이 책은 이러한 관점 속에서 쓰여졌다고 할 수 있다.

　　"계획가나 디벨로퍼 또는 건설사가 도시나 부동산 프로젝트를 구상하고 추진하고자 하는데 구체적인 실천방법을 몰라 헤맨다면 어떻게 대처해야 할까?" 개발자들의 고민은 대개 몇 가지로 모아진다. "어떤 프로젝트가 적당한가?", "어떤 프로세스를 거쳐서 프로젝트를 진행해야 할까?", "돈은 어디서 끌어올까?", "사업성은 있을까?" 등이다. 이 책은 이런 질문들에 착안하여 나름대로 알기 쉽게 정리해 본 것이다.

저자들의 본래 관심사는 도시이다. 전공의 대상으로서 도시를 연구하다 보면 자연스럽게 도시프로젝트를 연구하게 되고, 도시프로젝트를 생각하다 보면 당연히 부동산 프로젝트를 떠올리지 않을 수 없게 된다. 아울러 도시프로젝트에 초점을 맞추다 보면 건설 및 SOC프로젝트와도 연결됨을 알게 되었다. 도시프로젝트의 계획 과정과 타당성을 살피다 보면 부동산 프로젝트의 계획과정과 타당성 분석이 맞물리게 된다. 또 한편 SOC 등의 건설프로젝트에서도 도시 및 부동산과 거의 같은 과정과 방법이 필요함을 알게 되었다. 국토와 도시에서 일어나는 모든 프로젝트들이 민간의 입장에서 보면 사업의 수익성이 중요한 기준이 되고, 공공의 관점에서 보면 경제성이 준거가 되기 때문이다. 그리고 프로젝트에 관련된 사업성, 경제성, 프로젝트 파이낸싱 등의 방법론들은 모든 프로젝트가 거의 동일한 방법론적 틀을 가지고 있다는 것이다.

이 책의 제목에서 보다시피 저자들의 시각은 도시부동산 프로젝트부터 출발한다. 왜냐하면 이제 대부분의 사람들이 도시에 사는 시대에 접어들었기 때문이다. 이건 우리나라 반만년 역사에 획을 긋는 일이다. 도시에 사람들이 모여 살다 보니 지난 반세기는 정부나 건설업체나 사람들을 위한 일터, 쉼터와 기반시설(SOC) 등을 만들기에만 급급할 수밖에 없었다. 우리 도시에서는 그동안 주택, 사무실, 상업시설, 도로 등을 건설하기 위해 도시계획가, 건설사, 디벨로퍼 등이 주축이 되어 도시를 만들어 온 것은 주지의 사실이다.

이 책의 서두에서는 도시, 부동산, 건설프로젝트의 계획과정을 살펴보고 있다. 개발 주체는 프로젝트의 계획과정을 제대로 꿰뚫고 있어야 한다. 계획가나 디벨로퍼 등은 프로젝트를 어디서부터 시작을 해서 어떤 절차를 거쳐 마무리하는가에 대한 구체적인 관점을 가지고 있어야 한다. 이런 관점에서 여기서는 프로젝트의 유형별, 단계별 고려해야 할 요소를 열거함으로써 개발주체가 무엇을 준비하고 수행해야 하는지에 대한 아이디어와 지식을 제공해 준다.

두 번째 맥락은 프로젝트의 화폐적 가치와 금리, 그리고 부동산 저당 대출의 상환방법 등에 대하여 논하고 있다. 프로젝트를 추진하려면 우선적으로 화폐의

가치, 이자, 시간에 따른 현금의 흐름 등을 이해하지 않으면 안 된다. 주택금융에서 부동산 저당 대출에 있어서 고정금리와 변동금리의 구조를 이해해야만 레버리지 효과(Leverage Effect)를 창출할 수 있는 것은 물론이다. 아울러 원리금 상환 방식에 대해서도 꿰뚫고 있어야 한다.

세 번째에서는 프로젝트 파이낸싱으로 부르고 있는 프로젝트 금융을 다루고 있다. 프로젝트는 파이낸싱 없이는 사업시행 자체가 불가능하다. 파이낸싱의 종류도 무척 다양해지고 있는 것이 요즘의 추세이다. 파이낸싱 종류도 자기자본, 차입금, 채권, 증권, 신탁, 펀드 등 이루 말할 수 없을 정도로 많다. 이 책에서는 우선 프로젝트 파이낸싱의 종류와 개념을 이해하면서 어느 경우에 어떤 파이낸싱이 적합한지를 판단해 본다. 그리고 파이낸싱 방법별로 구조와 참여자를 살펴보면서 SPC (특별목적회사) 등 참여자들의 역할과 참여자들 간의 관계 등 전반적인 파이낸싱의 틀을 이해한다. 아울러 REITs, 부동산펀드(Fund), 주택 저당 유동화제도, 메자닌 금융을 심도 있게 고찰해 본다.

네 번째에서는 수익성을 분석하는 투자분석석기법에 대해 설명하고 있다. 수익성은 도시부동산프로젝트의 사업성을 가늠할 수 있는 가장 중요한 판단기준이기 때문에 이 책에서는 재무 분석의 다양한 기법들을 예를 들어 폭넓게 소개하고자 하였다. 아울러 '한남 더 힐' 부동산 프로젝트의 예를 들어서 PF대출프로젝트의 현주소와 이슈를 집어본다. 마지막으로 이 같은 사례를 통한 우리나라 부동산 PF (개발금융)의 정책적 시사점을 살펴본다.

이 책은 도시 및 부동산 프로젝트분야가 이제 한층 더 넓은 발전을 위해서는 그동안의 미시적이고 단편적인 접근에서 탈피하여 새롭고 다양한 방법론을 기반으로 새로운 지향을 찾아야 한다는 관점에서 쓰여 졌다고 할 수 있겠다. 따라서 이 책은 도시 및 부동산 분야의 개발 금융론이기 이전에 도시부동산 분야의 프로젝트 이론과 실무서라고 해도 좋다.

2020년 가을이 오는 길목에서

PART 2
부동산 개발금융

차·례

PART 4
프로젝트 투자론

01

프로젝트 과정

도 시 부 동 산 투 자 금 융 론

CHAPTER
01

도시 · 동산 프로젝트 계획과정

01 도시 · 부동산 프로젝트 계획과정

1.1 창의적 사고와 상상력

1) 창의적 사고를 통해 프로젝트의 상상력을 키우자.

(1) 상상력의 유형

상상력에는 아래와 같은 3가지 유형이 존재한다.

① 실제 현실과 관계없는 가공의 세계를 창조하는 허구적(fictitious) 상상력
- 조안롤링의 「해리포터 시리즈」: 새로운 가상의 세계 호그와트를 창조하였다.
- 바움의 「오즈의 마법사」: 상상력에 의해 가공의 세계 오즈를 창조하였다.
- 김상호의 「라이파이」: 라이파이 만화로 명성을 떨친 만화가로 "상상력이란 게 그런겁니다. 우선 하나를 생각하면, 거기서 뿌리가 나와 둘이 되고, 그게 다시 넷이 되고 … 예컨대 슈퍼맨은 하늘을 날지만, 라이파이는 제비기를 타고, 그 제비기를 부르려면 삐삐같은 발신기가 필요하고 이런겁니다."라고 상상력을 알기 쉽게 요약한다. (사람섹션

「제이」, joongang.co.kr)

② 현실문제해결을 위한 실용적(pragmatic) 상상력
  - 세종의 한글 창제는 백성의 아픔과 필요를 '딱하게 여겨서' 상상력을 발동한 사례이다.
  - 에디슨의 전구 발명은 밤에 빛에 대한 열망 때문에 수 천번 실험 후 이루어졌다.
  - 하늘을 날고자 하는 상상력이 라이트 형제로 하여금 비행을 성공하게 만들었다.

③ 알지 못하는 진리를 추정하기 위한 초월적(transcendental) 상상력
  - 코페르니쿠스의 '지동설'
  - 미국 NASA의 우주선 '달 착륙' 후 달 탐색
  - 세계 여러 국가에서 우주행성에 대한 지속적 탐사

④ 상상력이 현실로…
  - 질베른의 소설 '달세계 여행'은 미국에서 달나라로 여행을 떠나는 이야기이다. 그로부터 약 100년 뒤인 1969년 미국의 암스트롱이 달나라 착륙에 성공하게 된다.
  - 질베른의 소설 '해저 2만리'는 잠수함을 타고 해저를 여행하는 이야기이다. 1954년 세계 최초 미국의 핵잠수함 노틸러스호(소설의 잠수함 이름을 그대로 사용)가 취항하게 된다.
  - 하버트 조지웰스의 '타이머신'의 이야기는 10년 후 아인슈타인의 상대성 이론으로 상상력은 가능성이 되었다.

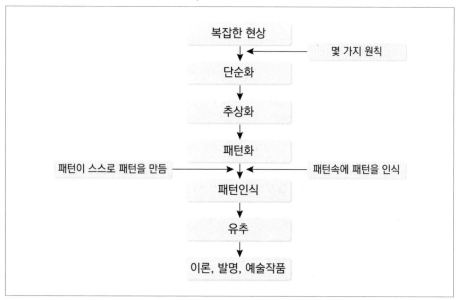

창조적 사고에 의한 이론, 발명, 작품, 프로젝트 탄생 과정

(2) 창조를 위한 기본원칙

- 일상 속에서 작은 번득임을 꽉 붙잡아야 한다.
- 모든 창조는 일상 세계에 대한 남다른 관심과 관찰에서 출발
- 창조적 사고는 현실에 대한 뜨거운 관심과 열정의 결과물
- 창조성은 불확실성, 애매성에서 탄생
- 비우고, 지우고, '덜어냄'은 창조성의 시작
- 다름과 차이 속의 다양성을 인정하는 토양이 필요
- 3T(기술, 재능, 관용)는 창조 집단을 유치하는 데 필수적인 조건(리처드 플로리다, Richard Florida, 2007)
- 필요한 건 색 바랜 지식의 전수가 아닌 생생한 고뇌와 의심의 유발, '과연 그러한가'에 대해 자신을 회의의 극한에 위치시키려는 치열한 실험적 사고, 평안은 그 뒤에 찾아오며, 정녕 그 뒤에야 흔들리지 않는 절대를 안을 수 있다(김현식, 2001).

관찰   물음   생각   형상화

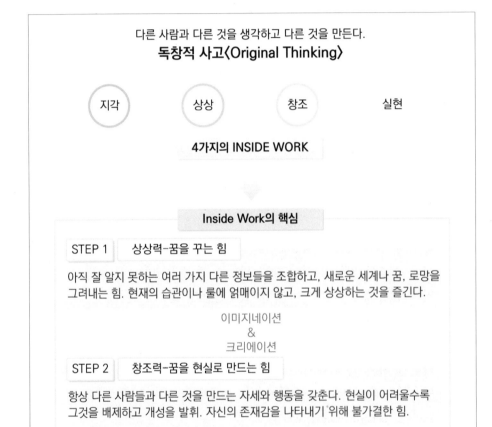

다른 사람과 다른 것을 생각하고 다른 것을 만든다.
독창적 사고〈Original Thinking〉

지각   상상   창조   실현

4가지의 INSIDE WORK

Inside Work의 핵심

STEP 1	상상력-꿈을 꾸는 힘

아직 잘 알지 못하는 여러 가지 다른 정보들을 조합하고, 새로운 세계나 꿈, 로망을 그려내는 힘. 현재의 습관이나 룰에 얽매이지 않고, 크게 상상하는 것을 즐긴다.

이미지네이션
&
크리에이션

STEP 2	창조력-꿈을 현실로 만드는 힘

항상 다른 사람들과 다른 것을 만드는 자세와 행동을 갖춘다. 현실이 어려울수록 그것을 배제하고 개성을 발휘. 자신의 존재감을 나타내기 위해 불가결한 힘.

(비즈니스는 머리 안에 그림을 그리는 일부터 시작된다.)

독창적 사고

2) 도시부동산 프로젝트 개발과정

도시, 부동산 프로젝트	도시프로젝트 계획은 프로젝트의 목표를 설정하고 이를 실현하기 위한 프로젝트의 기본방향을 잡고 수단(대안)을 결정하는 과정

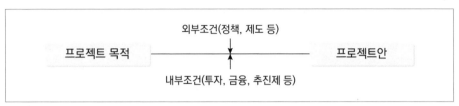

도시·부동산 프로젝트 개념

■ 일반적으로 도시·부동산 프로젝트는 구상→계획→설계→시공→운영이라는 5단계를 거침.

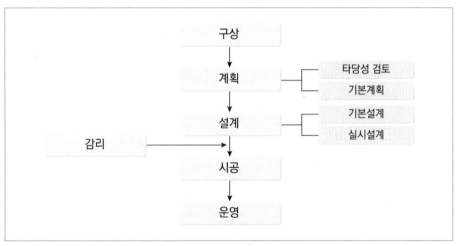

도시·부동산 프로젝트 계획과정

■ 개발 방향이나 사업계획을 염두에 둔 개략적 과정은 기본구상 → 사업성 분석 → 기본계획 → 사업계획의 4단계를 축으로 설정가능함.

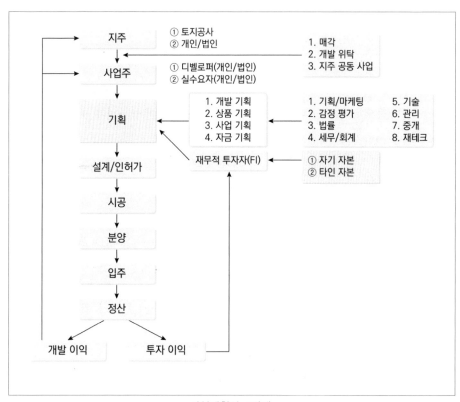

기본구상 → 사업성분석 → 기본계획 → 사업계획

사업계획과 함께 본 과정

■ 한국의 부동산 개발 절차 및 주요 업무

지주
① 토지공사
② 개인/법인

1. 매각
2. 개발 위탁
3. 지주 공동 사업

사업주
① 디벨로퍼(개인/법인)
② 실수요자(개인/법인)

기획
1. 개발 기획
2. 상품 기획
3. 사업 기획
4. 자금 기획

1. 기획/마케팅
2. 감정 평가
3. 법률
4. 세무/회계
5. 기술
6. 관리
7. 중개
8. 재테크

재무적 투자자(FI)
① 자기 자본
② 타인 자본

설계/인허가

시공

분양

입주

정산

개발 이익   투자 이익

사업계획의 4단계

1.2 도시개발형 및 토지활용형 계획과정

1) 도시개발형 계획과정

2) 토지활용형 계획과정

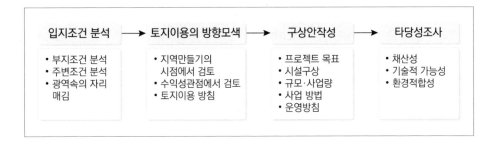

1.3 부동산 개발사업 과정

1) 부동산 개발사업의 프로세스

- 국내 부동산개발사업의 일반적 프로세스와 특징
  국내 부동산 개발사업은 건설사 보증의 PF대출로 금용 비용이 높고, 이를 상쇄시키기 위한 선매각·선분양 방식이 중심이었음

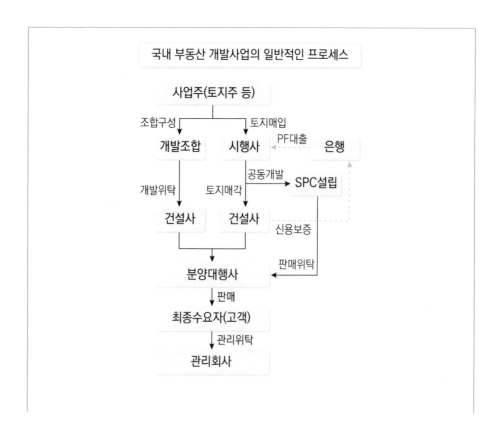

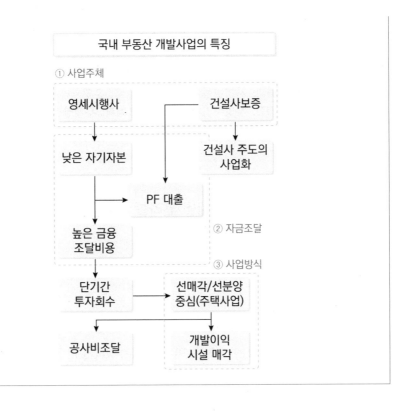

2) 부동산 개발 타당성 분석 요소

구성요소	업무내용
개발환경 분석	• 거시적 개발여건분석: 경제일반환경, 사회문화환경, 정부정책 및 법규변화 • 주변개발 여건분석: 지리적 환경, 교통환경, 기능환경, 상위계획
입지환경 분석	• 도시공간구조분석: 지리적 환경, 주변현황, 교통체계, 도시계획 현황 • 입지특성분석: 입지특성, 지역적 특성, 인구통계적 특성, 기능적 특성
시장 분석	• 경쟁구조분석: 지역상권분석, 유사사례분석, 가격구조분석 • 수요분석: 의식분석, 시설별 수요조사, 목표대상 선정
토지이용 및 건축	• 시장분석에서 나온 필요 시설이나 규모를 디자인에 반영 • 건축계획: 법규, 대지분석을 통한 토지이용, 교통, 동선, 배치, 이미지, 평면, 품질계획

구성요소	업무내용
수익성 분석	• 운영수지분석: 대차대조표, 손익계산서, 현금흐름, 부채상환능력 • 투자수익성분석: 회수기간분석, 순현가, 수익성지수, 내부수익률
개발 시나리오	• 운영조직계획: 사업집행체계, 완공 전·후, 운영관리체계, 운영계획 • 자금운용계획: 사업수지계획, 자금지출계획, 부채상환계획 • 마케팅계획: 분양전략, 가격전략, 타켓팅, 포지셔닝

02 프로젝트과정과 단계별 고려할 사항은?

2.1 프로젝트 개발 동기

1) 프로젝트 개발동기

■ 프로젝트가 시작되는 요인은 여러 가지가 있을 수 있으나 다음과 같은 5
가지 동기에서 출발함.

① 토지: 가용할 만한 토지가 있을 때 개발하는 경우
② 수요: 프로젝트를 시작할 만한 시장수요가 존재하는 경우
③ 재원: 투자재원의 조달이 가능할 경우
④ 재생: 도시재생이 요구되거나 시설물의 노후화로 재개발, 재건축이 필요한 경우
⑤ 정책 및 제도: 법, 제도, 정책 등에 의해 주도되는 개발사업의 경우

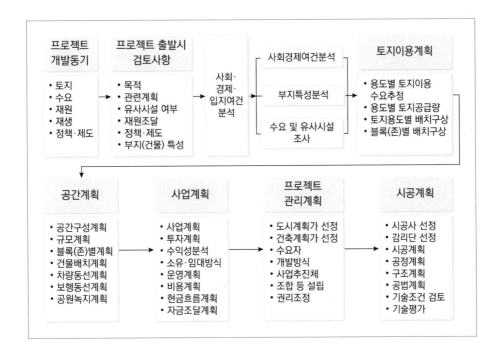

2) 프로젝트 출발 시 검토사항

① 프로젝트 목적

② 관련계획 검토

③ 유사시설 존재여부

④ 재원조달 여부확인

⑤ 관련정책, 제도의 확인

⑥ 해당부지(건물) 특성검토

2.2 사회·경제·입지 분석

1) 사회 · 경제 여건분석

    ① 경제분석(GDP, 1인당소득, 자동차대수 등)

    ② 인구분석(인구, 계층, 인구예측 등)

    ③ 사회분석(트렌드, 패러다임, 정책 등)

    ④ 도시 관련 계획 검토(도시계획, 토지이용계획, 국토 및 지역계획 등)

    ⑤ 정책 · 법규 검토(관련정책, 법 등)

2) 부지특성분석

    ① 해당부지조사

    ② 주변여건분석

    ③ 입지조건분석

    ④ 지반 · 지질조사

    ⑤ 주변환경 및 환경영향권 분석

    ⑥ 주변교통여건분석(도로, 도시철도 등)

2.3 수요 및 유사시설 조사

1) 수요분석

    ① 수요분석

    ② 장래수요추정

    ③ 상권분석

2) 유사시설 조사

① 기존 유사시설 검토
② 유사시설과 차별화 전략 검토

2.4 토지이용계획

1) 용도별 토지수요 추정
2) 용도별 토지공급량 설정
3) 토지용도별 배치구상
4) 블록 또는 존별 배치구상

2.5 공간계획

1) 공간구성계획
2) 규모계획
3) 블록 또는 존별 계획
4) 건물 배치계획
5) 차량 동선 처리계획
6) 보행 동선 계획
7) 공원·녹지 계획

2.6 사업계획

1) 사업계획
2) 투자계획
3) 수익성 분석

4) 소유·임대 방식

5) 운영계획

6) 비용계획

7) 현금흐름계획

8) 자금조달계획

2.7 프로젝트 관리계획

1) 도시계획(설계)가 선정

2) 건축설계자 선정

3) 수요자(테넌트) 파악

4) 개발방식선정

5) 사업 추진체(조직 등) 결정

6) 조합(추진위원회) 등 설립

7) 권리 조정

2.8 시공계획

1) 시공사 선정

2) 감리단 선정

3) 시공계획

4) 공정계획

5) 구조계획

6) 공법계획

7) 기술조건검토

8) 기술평가

컨셉메이킹과 프로듀스에 의한 타운브랜드의 창출과 효과

03 도시 · 부동산 프로젝트 유형별 계획은 어떤 과정을 거치나?

3.1 도시정비사업형

1) 특징

- 안전성, 편리성, 토지의 효율적 이용 측면에서 문제발생 시 재개발 등을 통해 정비
- 도시정비 사업에는 재개발, 재건축, 주택, 개량사업 도시개발사업 등이 포함
- 재개발에는 철거재개발과 수복재개발이 있음

2) 계획과정

- 계획과정은 일반적으로 현황조사, 기본구상, 기본계획, 사업계획의 단계를 거침.
- 도시정비사업은 다음과 같은 단계를 거치게 됨.

도시정비사업계획과정

3.2 신도시 개발형

1) 계획과정

3.3 기존토지활용성

1) 특징

- 개발이 안 된 미이용 토지나 유휴지 등을 활용
- 해당지구나 지역에 걸맞는 수요자(이용자)가 존재하여야 함
- 토지의 가치를 높여 수익성 창출

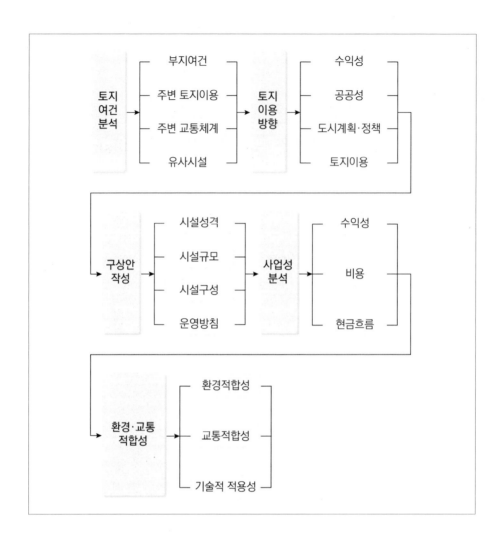

■ 부동산개발추진시의 구성요소

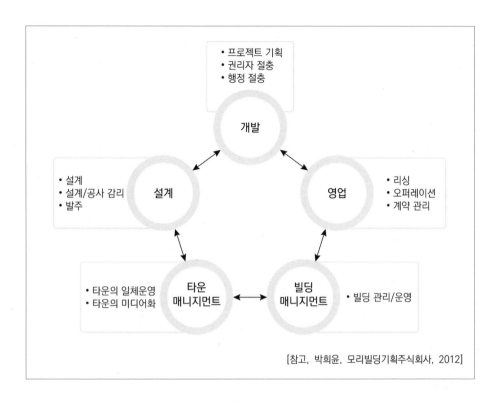

• 프로젝트 기획
• 권리자 절충
• 행정 절충

개발

• 리싱
• 오퍼레이션
• 계약 관리

영업

• 설계
• 설계/공사 감리
• 발주

설계

• 타운의 일체운영
• 타운의 미디어화

타운
매니지먼트

빌딩
매니지먼트

• 빌딩 관리/운영

[참고, 박희윤, 모리빌딩기획주식회사, 2012]

4.1 상업시설 프로젝트 단계별 고려사항

1) 구상단계

입지검토	시설규모	사업주체 및 수익검토
• 시장규모 • 상권분석 • 유사시설 분석	• 개발방향 • 수요예측 • 규모산정 • 구상도 작성	• 사업주체 • 수익성 검토 • 자금계획

2) 계획단계

기본계획	기본설계
• 배치계획 • 동선계획 • 예산계획 • 공기 · 공법 검토 • 수요자(테넌트)유치계획 • 인허가 신청준비 • 기본계획도 검토	• 수요자층 분석 • 마케팅 전략 • 임대구성 • 사업계획 • 기본설계도 작성 • 개발신청도서 작성

3) 실시단계

(1) 실시계획

배치계획	분양 및 테넌트 유치계획	상세설계	기본시공계획
• 조닝 • 평면배치구상 • 건물외관	• 브랜드 계획 • 관리운영 계획 • 마케팅 계획	• 상세설계도 작성 • 구조설계 • 설비설계 • 신청도서 작성	• 시공계획서 작성 • 비용절감 계획

(2) 분양 및 시공

테넌트 모집	분양
• 홍보전략 • 계약	• 홍보전략 • 계약

(3) 공사감리

    – 구조감리

    – 외부공사 감리

    – 인테리어 설계

(4) 시공

    – 시공회사선정

    – 시공도면 작성

    – 공정관리 계획

    – 전체공사

    – 인테리어 공사

4) 운영단계

    • 이용실태 조사 및 검토

    • 관리운영회사 선정

    • 관리운영상 수지분석

    • 비용절감 프로그램

    • 정기점검

4.2 체류형 시설(호텔, 콘도, 리조트타운 등) 프로젝트의 고려사항

1) 도시 및 지역조사

- 도시 및 지역계획 검토
- 교통체계검토 및 조사
- 유사 경합시설 조사
- 부지특성
- 여행·레저 동향 및 추이조사
- 체류형시설
- 소비패턴
- 수요전망

2) 체류형 시설의 성격(특징) 설정

- 브랜드 선정
- 표적집단(Target Group)을 고려한 특징 및 규모 설정
- 소유 및 경영방식
- 관리 및 경영방식
- 적정등급 고려

3) 부지현황조사 및 시설규모

부지현황 및 특성	주변교통시설조사	법, 제도 검토	인허가
• 시추작업 • 측량 • 급배수 • 전기, 가스	• 통행량 • 보행 • 대중교통	• 용적률 • 사선제한 • 일조 • 공개공지 • 공원, 녹지	• 관련부서의 지침 • 관련부서의 내규 • 심의위원회의 심의기준 • 사전협의

4) 시설규모 설정

- 적정용량 산정
- 적정규모
- 객실규모
- 공공용지 규모
- 면적배분

5) 파이넨싱 방향설정

- 파이넨싱 금융기관
- 투자자구성
- 총투자액
- 요금설정
- 가동률
- 개업시기

6) 건설 방침

성격 설정	• 등급결정 • 임대 • 동선(차량, 보행, 주차 등) • 장래계획 • 부문별 면적배분 • 시공방식 • 감리방식	• 거주 • 전체시설 규모결정 • 부대시설 • 사인 시스템(안내, 유도 등) • 공사 구분 • 부문별 견적작성 • 공기

7) 수익성 분석

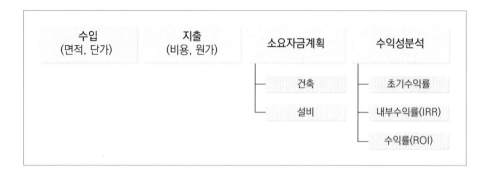

수입 (면적, 단가)	지출 (비용, 원가)	소요자금계획	수익성분석
		├ 건축	├ 초기수익률
		└ 설비	├ 내부수익률(IRR)
			└ 수익률(ROI)

8) 계획

- 관리운영
- 마케팅
- 회계 · 경리계획
- 조직업무
- 채용 · 교육계획
- 임대계획
- 직영계획
- 건축기본계획
- 인테리어계획
- 부대시설 배치계획
- 개업비용계획
- 실행예산계획

9) 설계

- 건축설계도(평면, 입면, 단면)
- 인테리어설계

- 조경설계
- 동선설계
- 계약
- 착공

10) 건설(시공)

- 시공
- 감리
- 설계변경

11) 오프닝 준비

- 인원배치
- 예비교육 및 훈련
- 점검

12) 오프닝

- 오프닝행사
- 운영개시

05 복합단지 프로젝트의 고려할 사항은?

5.1 복합단지(Mixed Use)의 마케팅 전략은?

1) 차별화 방법

    (1) 테마(테마성, 수준)

    (2) 브랜드 가치

    (3) 장소성

    (4) 입지(교통편리성, 상업기능집약)

    (5) 공간(규모, 용도별, 면적, 배치구성)

    (6) 브랜드 상품 존재여부

    (7) 가격(고급지향, 대중지향, 주변지역지향)

    (8) 고객서비스

    (9) 접근성

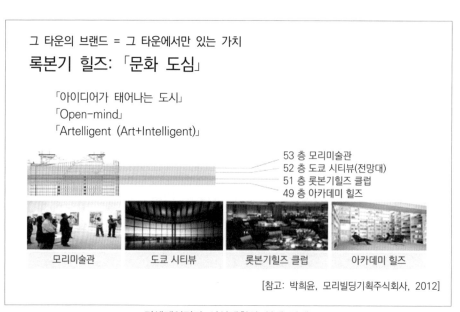

컨셉메이킹과 시설계획의 연계 사례

2) 마케팅을 고려한 복합단지의 마스터플랜(기본계획) 수립 시 고려사항

(1) 현황조사 및 분석

관련계획 검토	• 관련계획 및 도면 • 도시계획관련 법규 • 지자체의 조례
주변조사	• 입지분석 • 입지주변 환경검토 • 시장여건분석 • 소유권 등 권리관계 검토 • 소비패턴
주변여건분석	• 상권분석 • 수요분석(과거, 현재, 미래) • 교통량조사(승용차, 대중교통) • 유사기능의 경쟁단지검토 • 광역 인프라 검토 • 토지이용여건 분석

(2) 프로젝트 파이넨싱

파이넨싱	브랜드 이미지
• 금융계획 수익분석 • 목적회사(SPC)설립 • 전략적 투자가 모집, 선정 • 재무적 투자가 모집, 선정 • 투자계획 • 자금흐름계획 • 적정수익성선정	• 단지의 테마결정 • 업종, 형태 결정 • 브랜드 가치전략 • 시장성 분석 • 이미지 구축 방안

(3) 마스터 플랜(기본계획)

상업시설 브랜드 구축	마스터플랜(기본계획도)
• 블록 또는 존 구분계획 • 용도별 구모 • 용도별 공간배치 • 동선계획 • 용도별, 상품별 브랜드화 • 브랜드 및 사인시스템 • 색채계획 • 공공 디자인 계획 • 공간별, 브랜드별 디자인 계획	• 평면계획 • 배치계획 • 입면, 단면계획 • 상세계획 • 공원, 녹지계획 • 교통처리계획 • 보행동선계획

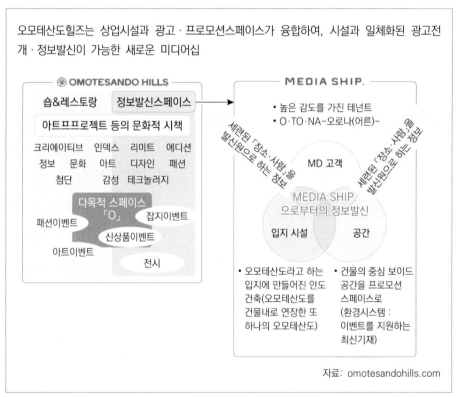

오모테산도힐즈는 상업시설과 광고·프로모션스페이스가 융합하여, 시설과 일체화된 광고전개·정보발신이 가능한 새로운 미디어십

자료: omotesandohills.com

오모테산도 힐즈의 컨셉: Media Ship(정보발신)

부동산 프로젝트 개발과정

01 부동산 개발의 주체

1.1 공공부문(1섹터)

국가, 지방자치단체, 지방공사, 한국토지주택공사, 주택도시보증공사 등

1.2 민간부문(2섹터)

민간주택건설업자, 토지소유자조합, 개인, 부동산투자회사, 부동산펀드, 민간의 컨소시엄 등

1.3 정부 + 민간(제3섹터, 공·사 혼합 부분) – BTL이나 BTO방식

1) BTL(Bud-Transfer-Lease)방식

① 민간이 자금을 투자하여 공공시설을 건설하고(Build), 민간이 완공시점에서 소유권을 정부에 이전·기부채납(Transfer)하며, 정부 등 공공이 시

설을 임차(Lease)하여 사용한다. 즉 정부나 지방자치단체에 임대하여 수익을 내는 방식이다.

② 정부나 지방자치단체가 적정수익률을 반영하여 임대료를 산정·지급하므로 민간의 사전 목표수익률을 보장한다(예 5년 또는 10년 만기 국채금리 $+\alpha$).

③ 민간이 운용하여 투자비 회수가 어려운 시설에 활용된다(예 아동보육시설, 초·중등학교, 기숙사, 공공도서관, 임대주택, 박물관 등).

2) BTO(Build-Transfer-Operate)방식

① 시설의 준공과 함께 시설의 소유권이 국가 또는 지방자치단체에 귀속되지만, 사업시행자가 정해진 기간 동안 시설에 대한 운영권을 가지고 수익을 내는 방식이다.

② 민간이 운용하여 투자비 회수가 가능한 시설에 활용된다(예 철도, 도로, 항만 등).

③ 민간의 투자비 회수가 제한되면 정부나 지방자치단체가 재무적 투자자에게 사후적 보조금을 지급한다(최소운영수입보장).

구분	BTL	BTO
대상시설의 성격	최종수요자에게 사용료를 부과함으로써 투자비, 회수가 어려운 시설 예 학교, 기숙사, 도서관 등	최종수요자에게 사용료를 부과함으로써 투자비 회수가 가능한 시설 예 도로, 지하철, 항만 등
투자비 회수	정부의 시설임대료	민간사용자의 사용료
사업리스크	민간사업자의 수요위험 배제	민간사업자가 수요위험 부담
적정수익률 확보방법	사전적 수익률 확보	사후적 보조금 지급

3) BTL · BTO방식 등 민자유치 개발방식의 추진배경 및 목적

① 긴요하고 시급한 공공시설을 앞당겨 공급할 수 있다. 즉, 국민들에게 시설 편익을 조기에 제공
② 민간의 창의적 개발을 통하여 투자 효율성 및 정부재정 운영방식의 탄력성을 제고
③ 민간 유휴자금(기관투자자)을 장기 공공 투자로 전환 가능
④ 경제활성화와 일자리 창출에 기여

4) 민자유치 개발방식의 참여체계

① 정부가 민간투자를 유치할 시설을 선정한 후 민간사업자를 모집
② 민간사업자는 프로젝트회사(SPC)를 설립하여 사업에 참여

5) 기타의 방식

① BOT(Build－Operate－Transfer): 준공 후 일정기간 동안 사업시행자에게 시설의 운영권이 인정되며, 기간 만료 시 시설의 소유권이 정부 또는 지방자치단체에 귀속되는 방식
② BLT(Build－Lease－Transfer): 준공 후 일정기간 사업운영권을 정부에 임대하여 투자비를 회수하며, 약정 임대기간이 종료된 후 시설물을 정부 또는 지방자치단체에 이전하는 방식
③ BOO(Build－Own－Operate): 시설의 준공과 함께 사업시행자가 소유권과 운영권을 가지는 방식

02 도시부동산 프로젝트 개발의 과정(절차)

2.1 예비적 타당성 분석

예비적 타당성분석은 개발사업에 관한 수익성을 개괄적·개략적으로 조사하는 과정이다.

2.2 부지확보 및 구입

부지를 사전에 확보하였다면 예비적 타당성분석이나 부지구입 및 확보단계를 생략할 수 있다. 개발사업 및 개발 주체에 따라 개발과정은 상이할 수 있다.

2.3 타당성 분석

① 복합개념에 입각하여 물리적(기술적) 타당성 분석, 경제적 타당성 분석, 법적 타당성분석을 모두 수행한다.
② 개발사업에 충분한 수익성이 확보되는지를 판단하는 경제적 타당성분석이 가장 중요하다. 즉, 개발사업이 물리적으로나 법적으로 다소 미흡하여도 경제성이 높이 평가된다면 그 개발사업은 충분히 채택될 수 있다.
③ 개발사업의 타당성 분석 결과, 그 사업이 채택되느냐의 여부는 개발업자의 목적이 무엇인가와 개발사업이 그 목적을 충분히 충족시켜줄 수 있느냐에 따라 달라진다.
④ 타당성 분석 결과가 비록 동일하더라도 개발업자마다 요구수익률이 각각 다르다. 타당성분석의 활용 지표에 따라서도 달라지므로 개발사업자에 따라 채택될 수도 그렇지 않을 수도 있다.

2.4 마케팅

도시부동산개발사업의 성공 여부는 궁극적으로 시장성에 달려있다. 마케팅 단계는 개발된 공간을 매각하거나 임대하는 과정이다. 개발사업의 시장위험을 줄이기 위해서는 사전에 매수자를 확보하는 등 개발사업의 초기부터 마케팅활동을 수행할 필요가 있다.

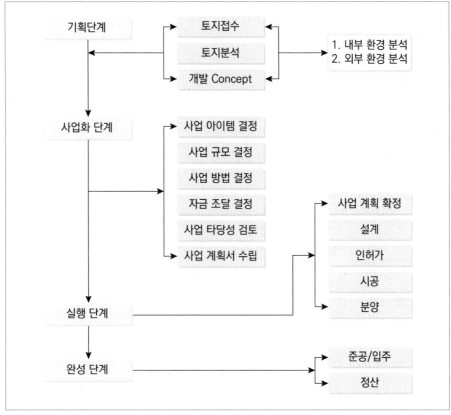

부동산 개발의 절차

부동산 프로젝트 개발의 타당성 분석

복합개념에 입각하여 기술적(물리적) · 법률적 · 경제적 타당성분석을 모두 수행한다.
- 기술적 타당성 분석: 설계, 시공, 이용, 관리, 보전 등의 적합성 여부 분석
- 법률적 타당성 분석: 공 · 사법 제한사항, 정책적 고려사항 등

3.1 경제적 타당성 분석

구분	시장분석	경제성 분석
목적	개발사업의 채택 가능성 평가, 경제성 분석에 필요한 정보 · 자료 제공	개발사업의 수익성 평가, 개발사업에 대한 최종투자결정
내용	• 지역경제분석: 지역경제의 고용, 인구, 소득수준 등을 거시적 관점에서 분석 • 시장분석: 시장 지역의 수요와 공급 상황을 분석(근린지역과 부지분석) • 시장성 분석: 개발된 부동산이 현재나 미래의 상황에서 매매되거나 임대될 수 있는 능력을 조사 · 분석	• 타당성 분석: 개발사업이 투자자의 자금을 유인할 만한 충분한 수익성이 있는지를 분석 • 투자분석: 투자자의 목적, 할인현금수지분석법을 통하여 최종투자결정

1) 시장분석의 역할

① 도시부동산프로젝트의 (개발)의사결정을 지원하기 위한 도시부동산시장의 동향과 추세를 연구하는 활동을 말한다.

② 특정용도에 어떠한 부지가 적합한가, 주어진 부지를 어떠한 용도로 이용할 것인가를 결정하는 역할을 한다.

③ 투자할 대안을 찾는 투자자(재무적 투자자)를 위하여 수행되기도 한다.

④ 타당성분석은 새로운 개발 사업뿐만 아니라 기존개발사업에 대해서도 행해진다.

⑤ 도시부동산시장분석은 일반적으로 개발착수 전에 이루어진다. 후속 작

업이나 계속적인 투자에 대한 의사결정을 위하여 사후 검증차원에서 이루어지기도 한다.

2) 경제성분석의 역할

① 개발비용을 토지부분과 건물부분으로 나누어 계산한다.
② 각 항목을 공제하여 유효총소득, 순영업소득, 세 전 현금수지를 계산한다.
③ 실제로 귀속되는 미래의 세후현금수지를 계산하고, 이의 현재가치를 구한다.
④ 분석 결과를 근거로 순현가나 수익성지수 등을 구하여 최종적인 투자결정을 한다.

3.2 경제적 타당성 분석의 예

지역경제 분석	• 도시분석 및 지역분석 • 개발사업에 영향을 줄 수 있는 공간적 범위 분석 • 지역의 경제활동, 경제기반분석, 고용·인구·소득 등을 거시적으로 분석
시장분석	• 근린분석 및 부지분석 • 시장지역의 지리적 범위 내에서 특정부동산의 개발에 관한 시장지역의 수요·공급상황 등을 분석(예 상권의 분석)
시장성 분석	• 대상부동산의 수요·공급분석(흡수율·공실률분석) • 개발된 부동산이 현재나 미래의 상황에서 분양되거나 임대될 수 있는지의 잠재력을 분석 • 기존(기존의 경쟁 부동산 등)의 흡수율뿐만 아니라 이를 통하여 대상개발사업에 대한 미래의 흡수율을 파악
재무분석 타당성 분석	• 투자자로부터 자금을 끌어 들일 수 있는 충분한 수익성에 대한 분석(현금흐름(수익/비용)분석) • 운용기간 동안의 영업수지와 기간 말 지분복귀액의 추정 • 투자자에게 실질적으로 귀속되는 세후 현금흐름의 분석
투자분석	• 구체적인 미래현금흐름을 현재가치화하여 투자의사결정 • 순현가(NPV), 내부수익률(IRR), 수익성지수(PI) 등 활용

04 민간의 공동개발 방식의 유형

사업수탁 (위탁)방식	• 개발업자가 토지소유자로부터 기획·설계·완공·관리·운영까지 등의 사업만을 위탁받아 사업대행을 담당하며, 사업대행에 따른 수수료를 취득 • 자금조달은 토지소유자가 담당하며, 토지소요자의 명의(주체)로 개발사업이 진행 • 개발사업의 성과는 모두 토지소유자에게 귀속 • 토지신탁방식과 경제적 효과가 유사
토지(개발) 신탁방식	• 토지소유자가 부동산신탁회사에 형식적 토지소유권을 이전 • 신탁계약에 따라 부동산신탁회사(수탁사)가 자금을 조달하고, 개발사업 시행 후 운영성과를 토지소유자(위탁자·수익자)에게 실적 배당 • 사업전반이 부동산신탁회사의 명의(주체)로 진행되고, 신탁회사는 수수료를 취득
등기교환 방식	• 토지소유자는 토지를 제공하며, 개발업자는 건축비를 부담하여 개발사업을 공동으로 시행 • 투자(출자)비율에 따라 개발사업 완료 후 각각 토지·건물을 공유하는 방식 • 개발업자: 토지를 매입하지 않고(매입비용 절감) 건축비만을 부담 • 토지소유자: 개발자금의 부담이 없고 건물의 구분소유가 가능
토지임차 방식	• 토지소유자와 개발업자가 일정기간 계약을 체결 • 계약시점: 개발업자는 토지임차계약의 권리금을 지급하지 않음 • 계약기간 중: 건물임대수익을 근거로 토지소유자에게 지대를 지불 • 계약종료시점: 토지는 토지소유자에게 반환되고, 건물은 시가로 양도
공사비 분양금 지급방식	• 토지소유자가 건설업자에게 공사 발주 후 공사비를 분양수입금으로 변제하는 형태
투자자 모집방식	• 개발사업의 시행자가 일반투자자를 모집하여 개발자금을 조달하는 방식 (조합, 부동산투자회사, 부동산펀드 등)
컨소시엄 구성방식	• 대규모 개발사업의 경우 위험을 분산하고자 사업단을 구성하는 방식

자체 개발방식	• 토지소유자가 스스로 사업을 기획하고, 자금을 조달하여 개발사업을 시행 • 개발사업의 이익이 토지소유자에게 귀속되며, 개발사업의 위험이 큰 만큼 높은 기대수익률 기대 • 사업시행자의 의도대로 추진이 가능하고 사업진행속도가 빠름. 프로젝트 리스크(위험)가 존재

05 재개발 사업방식의 유형

보전재개발	노후·쇠퇴가 발생하지 않았으나, 발생할 우려가 있는 시설에 대하여 그 진행을 방지(예방)하기 위한 가장 소극적인 선직국형의 재개발
수복재개발	현재의 시설은 대부분 그대로 유지하면서 노후·불량화의 요인만을 제거하는 소극적인 재개발
개량재개발	기존환경을 질적으로 개량하여 기능을 제고시키는 방식으로, 수복재개발보다는 적극적인 재개발
철거재개발	기존의 낙후된 환경을 완전히 새로운 환경으로 대체하는 적극적인 재개발

06 용지 취득 방식에 따른 개발 유형

6.1 단순개발방식

토지소유자의 자력 개발방식이다. 사업 후 권리관계가 변하지 않는다.

6.2 환지방식과 수용방식

구분	환지방식	수용방식(전면매수)
사업	토지구획정리사업	택지공영개발
분배	원토지소유자에게 환지	실수요자에게 분양
개발이익환수	감보율	공시지가기준
재산권 침해 정도	토지소유권 존중(권리 축소)	토지소유권 소멸(권리소멸)
특징	사업기간이 길고, 공공용지 확보에 제한이 있음	사업주체의 자금부담이 많음

CHAPTER
03

도시 · 부동산 프로젝트 마케팅

01 고객 유치 어떻게 할까?

1.1 수요와 공급 접근방법

수요개념	고객유치, 대상자의 욕구, 생활, 패턴, 라이프스타일, 소득, 연령, 성별 등을 나타낸 개념
공급개념	잠재적 고객에게 새로운 라이프스타일이나 트랜드를 선보이면서 유도하는 개념. 브랜드나 이미지 등으로 표현. 고객유치를 위한 공급적 측면의 수단 고객에게 '그곳에 가고 싶다' '그곳에 가면 내가 원하는 것이 있다'라는 동기부여가 되는 키워드 등을 의미

1.2 고객유치를 위한 검토사항

(1) 고객유치목적

 - 왜 고객을 유치하는가?
 - 무엇을 위한 고객을 유치하는가? (분양, 테넌트 입점, 판매 등)

(2) 고객유치대상

　– 누구를 대상(Target Group)으로 할 것인가? (테넌트, 투자가, 성별, 소득계측, 연령)

(3) 고객유치용도 시설

　– 어느 용도에 고객을 모을 것인가? (상업, 업무, 주거 등)
　– 어느 시설에 고객을 모을 것인가? (테마시설, 리조트, 공원, 상가, 휴식공간 등)

(4) 고객유치 규모 및 기간

　– 어느 정도 고객을 모을 것인가? (명/평, 업체별 면적, 명/월)
　– 어느 기간에 모을 것인가?

(5) 고객유치를 위한 비용

　– 고객 유치를 위해 얼마나 비용을 투자할 것인가? (예산범위, 인력(Man power), 아웃소싱 등)

1.3 복합단지에 사용되는 테마 또는 마케팅 키워드

(1) 글로벌화

　– 글로벌 센터
　– 동북아 허브
　– 서해안 중심
　– 환태평양 중심
　– 수도권의 핵심

(2) 도시 및 커뮤니티

복합기능	• 24시간 도시 • 도시 속의 타운(New Town in Town) • 단지가 하나의 도시 • 전원도시 속의 단지 • 인간중심타운 • 네트로폴리스(Netropolis) • 에코−Cave Town(광명 문화관광복합단지) • 고덕 비즈벨리(고덕 상업업무복합단지) • BIX(평택 BIX산업복합지구) • 고모리에(포천 디자인테마융복합단지) • 알파돔 시티(판교 복합단지)
커뮤니티	• 환경·인간이 조화되는 복합 커뮤니티 • 스마트 도시−스마트 커뮤니티 • 환경 공생 복합단지
성장 및 발전	• 지구(커뮤니티 등)발전을 유도하는 도시재생지역 • 미래를 약속하는 생태환경단지

(3) 인간

인간과 자연의 조화	• 환경·인간의 공생도시 • 이동성이 보장되는 Smart City • 녹지축 및 보행축의 타운	• 생태타운 • 자연 속의 복합단지
인간중심	• 인간을 먼저 생각하는 단지 • 물이 있는 곳 • 안전한 장소	• 휴먼 스케일의 디자인 • 편안한 곳 • 휴먼프라자

(4) 장소성

- 상징성이 있는 곳
- 랜드마크의 공간
- 예기치 않은 것과 만나는 곳
- 새로운 커뮤니티

- 도시재생의 공간
- 현재와 미래가 만나는 곳

(5) 트렌드

- 새로운 트렌드
- 글로벌 트렌드
- 과거·현재·미래의 공간
- 시대와 공간을 넘어서
- 미래 패러다임의 복합몰

02 복합단지 고객 유치 기능과 관련 시설

2.1 복합단지의 고객유치를 위한 체크리스트

① 테마가 시기적절 하고 고객의 감각을 반영하는가?
② 고객의 다양한 욕구를 수용할 수 있는 기능이 복합화, 융합화되어 있는가?
③ 장소성이 충분히 부각되어 있는가?
④ 랜드마크적인 시설, 이벤트. 공간이 존재하는가?
⑤ 유사시설과 경쟁관계에 있는 않는가?
⑥ 단지의 인식도가 높은가?
⑦ 교통접근성은 어떤가?
⑧ 단지가 지역 또는 커뮤니티의 중심기능을 하는가?
⑨ 테마나 컨셉이 참신하고 미래지향적인가?
⑩ 단지가 문화적 요소는 충분히 포함하고 있는가?
⑪ 단지의 공간, 매장마다 기획·연출이 뛰어나게 되어있는가?
⑫ 시공회사의 브랜드는 어떤가?
⑬ 테넌트, 회사 등은 브랜드 가치가 있는 회사들인가?

2.2 고객유치기능과 관련시설

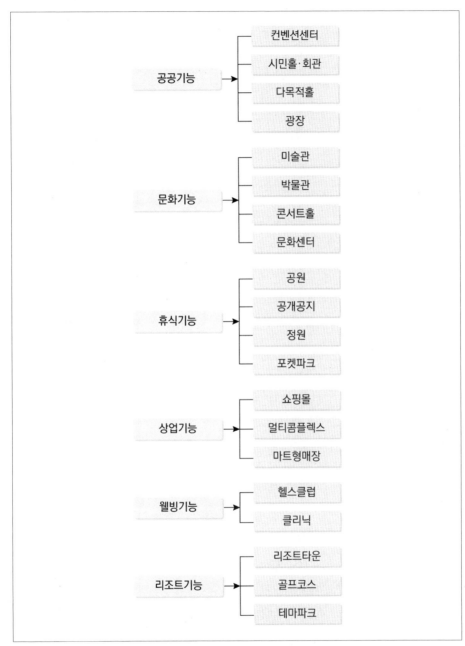

고객유치기능과 관련시설

2.3 복합단지에 대한 고객의 이미지

상업시설 등에 대한 이미지는 고객(이용객)들이 평가하게 된다. 고객들이 느끼는 이미지를 열거해 봄.

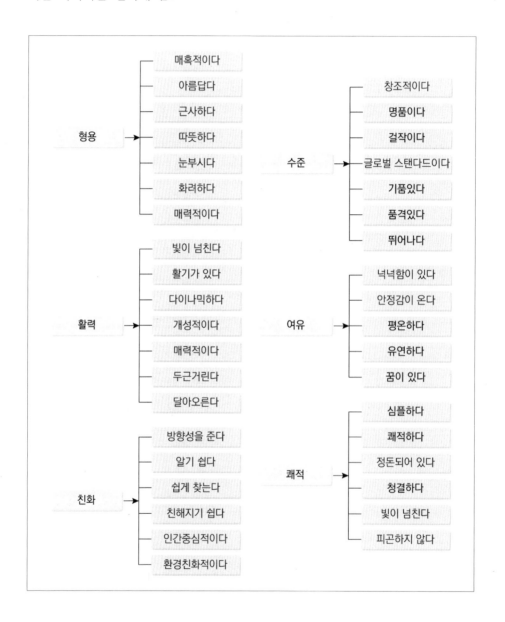

CHAPTER
04

도시 · 부동산 프로젝트
참여자 및 역할

01 도시 · 부동산 프로젝트의 참여자

1.1 단체별 프로젝트의 참여자

구 분	내 용
시민단체(NGO)	사회단체, 복지단체, 환경단체, 주택단체, 교통단체, 학교교육단체, 자원봉사단체
연구 및 컨설팅	도시 · 지역연구회, 도시전문가, 디벨로퍼, 부동산전문가, 도시관련 용역회사
상공단체	은행, 금융회사, 신탁회사, 연기금사, 보험회사
공공단체	주공, 토공, 중앙정부, 지자체
커뮤니티	도시계획가, 원주민, 커뮤니티조직, 조합, 토지소유자, 빌딩소유자
개발 · 건설단체	디벨로퍼, 건설사, 시공사

1.2 도시·부동산 사업별 참여자

(1) 민간 개발 사업형

민간 기업이 자신의 사업을 추진, 도시개발, 토지이용계획에 대한 장래수요 예측, 사업의 차별화 강조

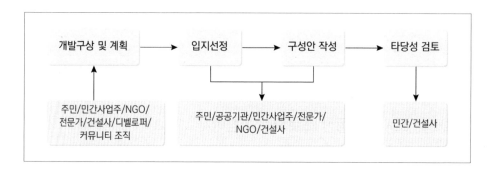

(2) 공공시설형

공공단체가 주민 요구에 대응하여 도심활성화를 위해 민간능력의 도입, 공공성을 강조

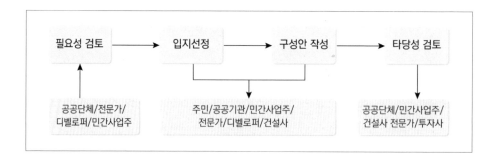

(3) 토지 활용형

도심의 미 이용지나 이전적지의 개발 및 정비

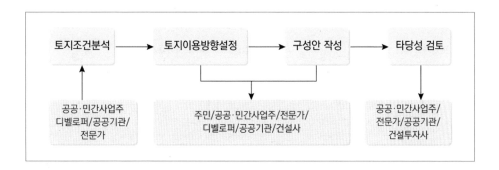

(4) 재개발형

도심재정비구역에 도심활성화 차원에서 재개발

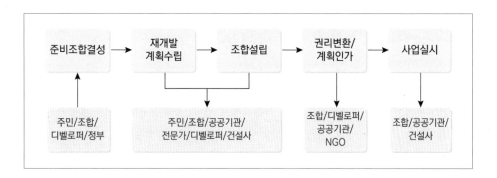

(5) 뉴타운형

광역인프라 구축 등을 통한 도시환경의 질 향상 위해 뉴타운 개발

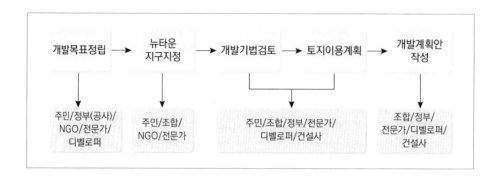

02 도시계획가(전문가)의 역할

2.1 도시계획가(전문가)가 주로 담당하는 일

구 분	내 용
현황 및 입지분석	자연적 현황, 사회경제적 현황, 수요자 관련사항, 교통체계
지역현황 분석	도시공간구조, 도시발전계획, 배후지 현황
계획 및 법규검토	국토계획 등 상위계획 검토. 행위제한 및 인가와 허가 여부
상권분석 및 수요의 추정	경쟁환경 분석, 소비자 행태분석, 상권수요예측, 시장분석 및 고객분석
개발 개념의 설정	사업 아이디어, 시설 구상, 관련시설 유치가능성 여부
개발 기본 구상	토지이용계획, 건축계획, 업종구성 결정
사업타당성 분석	수익 및 비용추정, 손익분기점 분석, 민감도 분석
결론 및 제안	사업의 정책 및 전략 분석, 마케팅 전략, 사업요소 결정

2.2 도시개발사업에서 도시계획가(전문가)의 역할

여건 및 수요 분석	• 현재의 여건과 수요가 사업수행에 적합한가? • 향후의 수요는 사업수행에 어떤 영향을 미칠 것인가?
법적 제도적 분석	• 상위계획 미 관련계획은 어떤가? • 법적, 제도적 규제 및 제한조치는 없는가? • 법적, 제도적 규제 및 제한조치의 향후 변동가능성이 있는가?
물리적 기술적 분석	• 토지이용계획은 어떤가? • 입지선정은 가능하며 부지여건은 적절한가? • 사업추진상의 기술적인 문제는 없는가?
수요 분석	• 수요는 충분히 있는가? • 수요층은 어느 계층인가?
재무성 분석	• 적절한 수익흐름이 기대되는가? • 비용지출과 자금회수 그리고 자금조달이 가능한가?
사업주체 분석	• 사업주체는 누구인가? • 관·민파트너십이 가능한가? • 민간이 주도할 수 있는가?
재무성 분석	• 적절한 수익흐름이 기대되는가? • 비용지출과 자금회수 그리고 자금조달이 가능한가?
실행가능성 분석	• 사업 주체가 사업실행 능력을 갖추고 있는가? • 사업추진 시기는 적절한가? • 사업여건의 변동가능성은 없는가?

03 디벨로퍼(Developer)의 역할

3.1 디벨로퍼의 임무는 무엇인가?

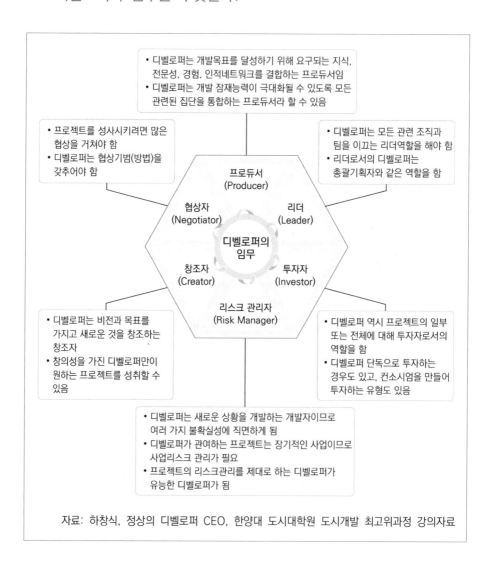

- 디벨로퍼는 개발목표를 달성하기 위해 요구되는 지식, 전문성, 경험, 인적네트워크를 결합하는 프로듀서임
- 디벨로퍼는 개발 잠재능력이 극대화될 수 있도록 모든 관련된 집단을 통합하는 프로듀서라 할 수 있음

- 프로젝트를 성사시키려면 많은 협상을 거쳐야 함
- 디벨로퍼는 협상기법(방법)을 갖추어야 함

- 디벨로퍼는 모든 관련 조직과 팀을 이끄는 리더역할을 해야 함
- 리더로서의 디벨로퍼는 총괄기획자와 같은 역할을 함

프로듀서 (Producer)

협상자 (Negotiator)

리더 (Leader)

디벨로퍼의 임무

창조자 (Creator)

투자자 (Investor)

리스크 관리자 (Risk Manager)

- 디벨로퍼는 비전과 목표를 가지고 새로운 것을 창조하는 창조자
- 창의성을 가진 디벨로퍼만이 원하는 프로젝트를 성취할 수 있음

- 디벨로퍼 역시 프로젝트의 일부 또는 전체에 대해 투자자로서의 역할을 함
- 디벨로퍼 단독으로 투자하는 경우도 있고, 컨소시엄을 만들어 투자하는 유형도 있음

- 디벨로퍼는 새로운 상황을 개발하는 개발자이므로 여러 가지 불확실성에 직면하게 됨
- 디벨로퍼가 관여하는 프로젝트는 장기적인 사업이므로 사업리스크 관리가 필요
- 프로젝트의 리스크관리를 제대로 하는 디벨로퍼가 유능한 디벨로퍼가 됨

자료: 하창식, 정상의 디벨로퍼 CEO, 한양대 도시대학원 도시개발 최고위과정 강의자료

하창식(2005)은 디벨로퍼를 새로운 트렌드를 예측하는 선두주자로서 인간 삶의 질 향상을 위한 'Total Design 전문가'가 되어야 한다고 함.

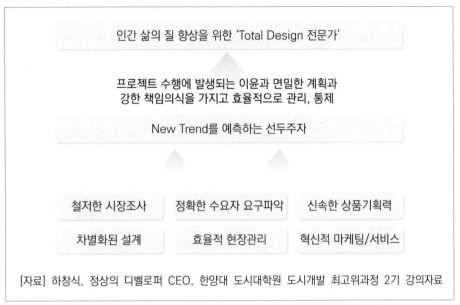

New Trend를 선도하는 리더로서의 Total Design 전무가로서의 디벨로퍼

3.2 사회자가 요구하는 디벨로퍼의 상(像)

① 새로운 도시 및 부동산 트렌드를 예측하는 전망자
② 새로운 가치를 만들어 가는 가치 창조자
③ 디자인 감각을 갖춘 디자이너
④ 도시의 공공디자인을 향상시키는 도시 설계자
⑤ 다양한 트렌드와 도시 문화를 읽고 연출하는 문화 연출가

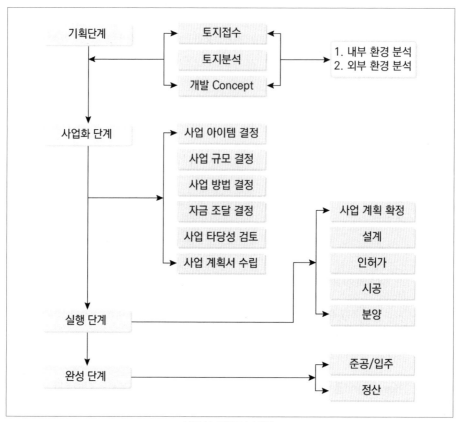

부동산 개발의 절차

3.3 디벨로퍼의 협력파트너

디벨로퍼의 역할은 다양한 프로젝트의 주체와 관련자들에 의해 부여됨 여러 이해집단과의 관계 속에서 디벨로퍼가 하는 일이 설정됨.

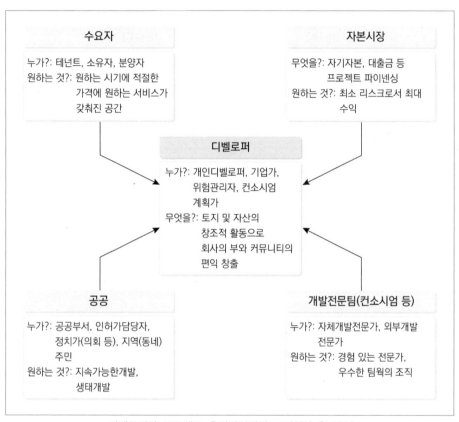

디벨로퍼가 프로젝트 추진과정에서 고려해야 할 대상

3.4 디벨로퍼와 파트너를 연결해 주는 사람들

　디벨로퍼와 수요자, 자본시장, 공공개발전문팀을 연결해주는 연결고리는 다음 그림과 같은 전문가들임.

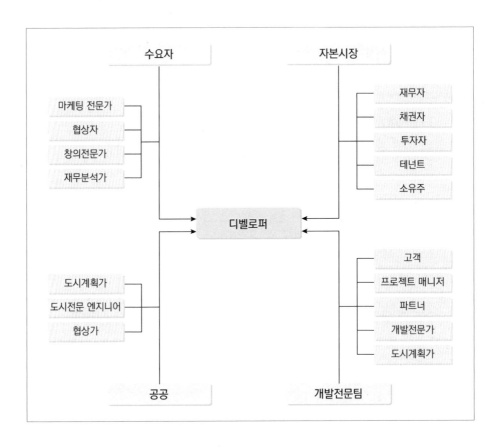

3.5 디벨로퍼와 관계되는 집단

디벨로퍼와 관계되는 집단을 열거해보면 10개의 집단(또는 전문가 그룹)으로 구성.

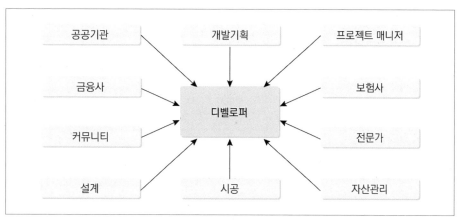

디벨로퍼와 관계되는 전문가 집단

3.6 개발프로젝트와 참여자와 금융방식

1) 프로젝트 참여자

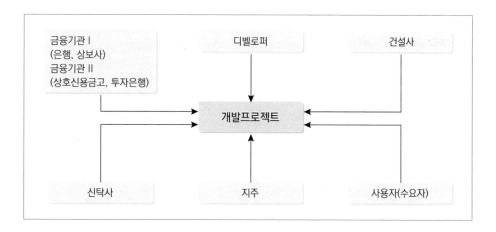

2) 금융방식

(1) 전통적 금융참여자

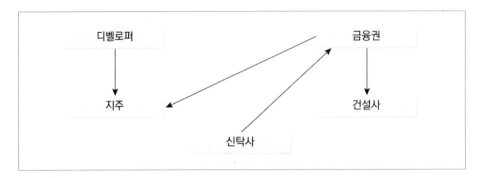

(2) 전통적 금융방식

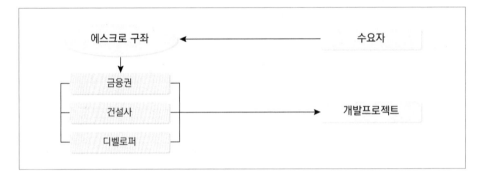

(3) 프로젝트 파이낸싱 방식(Project Financing)

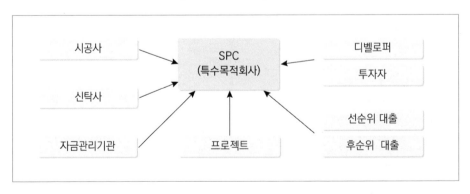

3.7 디벨로퍼 입장의 프로젝트 계획

1) 디벨로퍼 입장의 프로젝트 계획과정

디벨로퍼 측면에서 프로젝트를 추진하는 과정은 일반적으로 아이디어 발의, 현황 및 수요조사, 설계, 시공, 관리라는 5단계를 거침

(1) 아이디어 발의

- 디벨로퍼가 프로젝트를 위한 아이디어를 발의하여 목표를 설정하는 단계
- 프로젝트에서 가장 중요한 것은 주요개념(Key Concept) 만들기임
- 테마 또는 개념이 프로젝트의 성사를 가늠하는 중요한 잣대가 됨

(2) 현황 및 수요조사

- 입지와 부지의 주변조건 조사
- 사회 경제적 특성과 개략적 수요분석이 이루어짐
- 아이디어가 제대로 실현될 수 있는지에 대한 가능성 검토

(3) 설계

- 아이디어와 목표를 구체적으로 도시부동산시설에 반영하기 위한 단계
- 사업주에게 설계안을 전달하면서 건축의 설계 및 시공을 준비하는 단계

(4) 시공

- 설계작업이 완료되고 디벨로퍼나 사업주가 추구하는 목표가 충분히 반영되었다고 판단되면 시공사를 선정하게 됨
- 시공과정에는 설계, 감리단이 한 팀이 되어 원래의 목표대로 건물이 시공되는지를 감리

(5) 관리

– 시공이 끝나면 건물의 관리에 들어가게 되며 자산관리회사 등을 통해 이루어짐

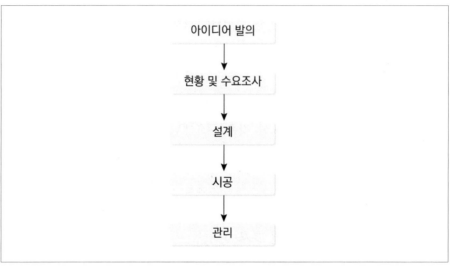

디벨로퍼 입장의 프로젝트 계획과정

상권을 어떻게 분석하는가?

01 상권 분석 모형

1.1 허프(Huff)의 확률모형

1) Huff 확률모형의 정의

Huff의 확률모형	Huff모형은 기본의 중력모형에 효용이론을 도입하여 상권을 확률적 개념으로 설명

i지역의 소비자가 j지역의 상업시설을 이용하는 것에 대해 느끼는 효용을 중력모형에 의하여 구하고, 소비자가 시장 지역 내 특정 상가를 방문할 확률은 해당 상가 효용에 대한 모든 상가들의 효용합의 비로 구함

$$P_{ij}^t = \sum_{j=0}^{\infty} \frac{S_j^t}{T_{ij}^\lambda}$$

$P_{ij}^t = i$ 지역 사람 → j 지역 t 상품 살 확률

$S_j^t = j$ 지역 t 상품의 상거래 규모

$T_{ij} = i \leftrightarrow j$ 간의 통행시간

$\lambda = $ 저항계수

2) Huff의 확률모형의 예제

잠재적 소비자의 인구가 20,000명인 A지역에서 1㎞ 떨어진 B지역에서 백화점이 위치하고 있다. 이때 1.5㎞ 떨어진 C지역에 새로운 백화점이 생겨난다면 C지역 백화점을 이용할 확률과 이용자는 얼마일까? 여기서 B와 C의 매장 면적은 각각 5,000㎡, 8,000㎡이다.

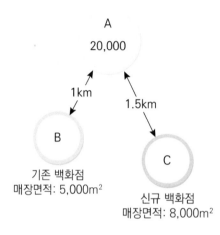

$$P_{ij}^t = \frac{\dfrac{8,000}{1.5^2}}{\dfrac{5,000}{1^2} + \dfrac{8,000}{1.5^2}}$$

$$= 41.56\%$$

저항계수는 2라 가정

⇨ 이용인구 = 20,000 × 41.56%
= 8,312명

1.2 Reliy 소매중력모형

1) Reliy 소매중력모형의 정의

Reliy 소매중력모형	Reliy모형은 중력모형을 이용하여 소비자의 구매선호도를 분석하는 기법

⇨ 3개 지역 A, B, C가 있을 때 A에서 거주하고 있는 소비자들의 B와 C지역에 대한 구매선호도는 B, C 지역의 인구에 비려하고 거리 또는 시간

에 반비례함

$$\left(\frac{B_B}{B_B}\right) = \left(\frac{P_B}{P_B}\right)\left(\frac{D_C}{D_B}\right)^2$$

$\dfrac{B_B}{B_C} = A$지역 소비자의 B, C지역에 대한 구매선호비율

$B_B = A$지역 소비자의 B지역에 대한 인구수

$P_B = B$지역의 인구수

$D_C = A$지역에서 C지역까지의 거리(시간)

2) Reily 소매중력모형의 예제

(예 제)

A도시가 인구 8,000명이고, B도시가 250,000명, C도시가 150,000명이다. A~B지점까지는 30분이 소요되고 A~C지점까지는 15분이 걸린다. 이 경우 A도시 소비자의 도시 B와 C에 대한 소비선호 비율은?

(풀 이)

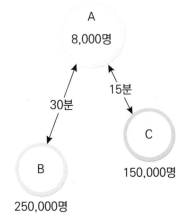

$$\left(\frac{B_B}{B_C}\right) = \left(\frac{250,000}{150,000}\right)\left(\frac{15}{30}\right)^2 = 0.42$$

B지점 선호도: C지점 선호도
$= 0.42 : 1$

1.3 Converse 상권분기점법

1) Converse 상권분기점법의 정의

Converse 상권분기점법	• Reliy모형의 기본적인 개념을 연장시켜 상권의 분기점, 즉 세력권을 산출해내는 방법. • 양쪽 세력권의 분기점에서의 두 상점에 대한 구매선호도는 같다는 가정.

Converse 상권분기점법은 계산이 용이하다. 특히 다른 자료를 이용할 수 없거나 자료를 구입하는 데 드는 비용이 클 경우 이 방법을 이용하여 쉽게 상권을 추정할 수 있음

$$D = \frac{D_B + D_C}{1 + \sqrt{\dfrac{P_B}{P_C}}}$$

$D =$ 상권의 분기점

$D_B =$ B지점까지의 시간

$D_C =$ C지점까지의 시간

$P_B =$ B지역의 인구

$P_C =$ C지역의 인구

2) Converse 상권분기점법의 예제

[예 제]

A도시가 인구 8,000명이고, B도시가 250,000명, C도시가 150,000명이다. A~B지점까지는 30분이 소요되고 A~C지점까지는 15분이 걸린다. 이 경우 상권의 분기점은 어느 지점이 되는가?

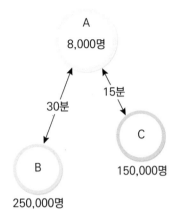

$$D_B = \frac{30+15}{1+\sqrt{\dfrac{25}{15}}} = 19.63분$$

도시경제 성장분석

1) 입지상 분석

입지상 분석	• 도시의 성장을 다루는 하나의 기법 • 일정한 지역의 기반산업과 비기반산업을 분류하는 데 유용하게 사용 • 고용, 부가가치, 생산액, 지불임금, 생산물량을 기본자료로 활용

$$LQ_{ij} = \frac{E_{ij}}{\sum_i E_i} \Big/ \frac{E_j}{\sum_j E_j}$$

LQ_{ij}: i지역의 j산업의 입지상

E_{ij}: i지역 j산업의 고용자수(생산액, 임금 등)

$\sum_i E_i$: i지역의 고용자수(생산액, 임금 등)

E_j: j산업의 고용자수(생산액, 임금 등)

$\sum_j E_j$: 전국의 i산업의 고용자수(생산액, 임금 등)

$LQ_{ij} < 1$	: j산업은 i지역에서 비기반산업임
$LQ_{ij} > 1$	: j산업은 i지역에서 기반산업임
$LQ_{ij} = 1$	: 자급자족임

(예 제)

다음 표는 도시 A의 산업별 생산액과 전국의 산업별 생산액을 나타낸 것이다. 이 표를 이용하여 도시A의 기반산업을 파악하고 해당산업비(B/N비)와 경제기반승수를 산출하여라.

[A시의 산업별 생산액]

지역＼산업	철강	섬유	화학	식품	건설	항공	재정	금융	정보	전자	관광	기타	계
도시A	19	5	22	14	1	10	15	6	16	8	3	20	139
전국	661	570	719	707	727	568	506	496	161	614	603	1,523	7,855

(풀 이)

① 입지상 계산
  • 입지상을 구해 해당 도시의 기반산업분류를 할 수 있음
  • 해당도시의 입지상을 생산액을 통하여 분류하면 다음 표와 같음
  • 계산: $LQ_{ij} = \dfrac{E_{ij}}{\Sigma_i E_i} / \dfrac{E_j}{\Sigma_j E_j}$

철강산업입지상 $= \dfrac{19}{139} / \dfrac{661}{7855} = 1.624$

	철강	섬유	화학	식품	건설	항공	재정	금융	정보	전자	관광	기타	계
생산액 비교	0.029	0.009	0.030	0.20	0.001	0.018	0.30	0.012	0.099	0.013	0.005	0.013	0.018
입지상	1.624	0.495	1.729	1.119	0.077	0.994	1.675	0.683	5.615	0.736	0.281	0.742	—

경제기반분석(입지계수와경제기반승수)

1. **입지계수(LQ; Location Quotient)**: 전국대비 특정지역에서 특화된 산업이 무엇인가를 판단하는 지표로, 입지계수는 전국의 X산업의 고용률(%)에 대한 지역의 X산업의 고용률(%)로 구하게 된다.

$$입지계수(LQ) = \frac{지역의 X산업고용률}{전국의 X산업고용률} = \frac{\dfrac{지역의 X산업고용인구}{지역의 총고용인구}}{\dfrac{전국의 X산업고용인구}{전국의 총고용인구}}$$

인구 대신 산업의 생산액(량)이나 소득을 사용할 수도 있다.

- 입지계수(LQ) > 1: (수출)기반산업으로, 지역경제의 성장성을 유도하는 산업
- 입지계수(LQ) < 1: 비기반산업으로, 지역경제의 안정성을 유지하는 산업
- 입지계수(LQ) = 1: 전국 평균과 동일하게 분포된 산업

2. **경제기반승수(k)**: 기반산업 고용인구 변화에 따라 지역의 경제기반승수(k) 배만큼 총고용인구의 변화를 예측하는 지표이다.

- 지역의 총고용인구 = 기반산업 고용인구 + 비기반산업 고용인구
- 지역의 총고용인구 증가분(△)
  = 경제기반승수(k) × 기반산업 고용인구 증가분(△)
- 경제기반승수$(k) = \dfrac{지역의 총고용인구}{기반산업의 고용인구} = \dfrac{1}{기반산업비율}$

- 기반산업 수출부문의 고용인구 변화가 지역의 총고용인구에 미치는 영향을 예측할 수 있다.
- 기반산업 수출부문의 고용인구 변화가 지역의 총인구수에 미치는 영향도 예측할 수 있다. 즉, 총고용인구 증가분에 부양가족수를 곱하면 지역의 총인구수의 변화도 예측할 수 있다.
- 지역이 고용인구 변화가 부동산수요에 미치는 영향을 예측하는 데 유용하게 활용될 수 있다.

02

부동산 개발금융

도 시 부 동 산 투 자 금 융 론

돈의 가치 어떻게 따지나?

01 단순이자와 복합이자

이자 (Interest)	돈을 사용하는 대가로 지불하는 대여료로서 돈의 시간적 가치를 반영한 것임

단순이자(Simple Interest)와 복합이자(Compound Interest)로 구분됨

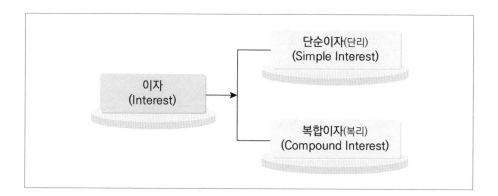

이자공식유도의 기본가정

- 한 기간의 말은 다음 기간의 초와 같음
- P(현재금액)는 첫 번째 기간 초에 발생함
- F(미래금액)는 마지막 기간의 말에 발생함
- A(연금)는 첫 번째 기간 말부터 발생함

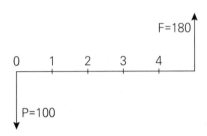

현재 100만원을 예치하고 5년 후에 180만원을 받는 경우의 현금흐름도

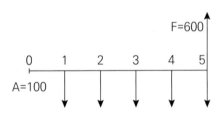

매년 100만원씩 5년간 불입하여 만기시 600만원을 찾을 경우의 현금흐름도

1.1 단순이자(Simple Interest)

단순이자 (Simple Interest)	이자를 계산할 때 원금에 대해서만 일정한 시기에 약정한 이율을 적용하는 금리계산 방법

단순이자에 의한 이자는 원금을 빌려서 사용한 기간에 비례

- 단순이자 기본식 : $I = P \times n \times i$
- 미래총액 기본식 : $F = P + (P \times n \times i)$

여기서, I: 이자

F: 미래총액

P: 원금

n: 이자계산기간수

i: 이율

(예 제)

원금 100만원을 단리 5%로 빌렸다고 가정하자. 빌린지 2년이 되는 마지막 날의 이자와 원금의 합계액은 얼마인가?

(풀 이)

- I(이자) = 100만원 × 2 × 0.05 = 10만원
  ⇒ 2년이 되는 마지막 날의 이자는 10만원
- F(원리금) = 100만원 + (100 × 2 × 0.05) = 110만원
  ⇒ 2년 후 원금과 이자의 합계인 원리금은 110만원

1.2 복합 이자(Compound Interest)

복합이자 (Compound Interest)	일정기간의 기말마다 이자를 원금에 가산하여 그 합계액을 다음 기간의 원금으로 하여 계산하는 방법

여러 이자기간에 걸쳐서 자금을 빌릴 경우 이자는 매 기간 말에 계산됨

$$미래총액 기본식 : F = P \times (1+i)^n$$

여기서, F: 미래총액

$\quad\quad P$: 원금

$\quad\quad n$: 이자계산기간수

$\quad\quad i$: 이율

(예 제)

원금 100만원을 연리 5% 복리로 4년간 빌렸을 경우 원리금은 얼마인가?

(풀 이)

$F(원리금) = 100만원 \times (1+0.05)^4 = 121.6만원$
⇒ 4년간 지불해야할 원리금은 121.6만원임

	단리가 적용된 이자계산					복리가 적용된 이자계산			
연도	연초 부채	연말에 지불할 이자	연말 부채액	연말 지불액	연도	연초 부채	연말에 지불할 이자	연말 부채액	연말 지불액
1	100	5	105	5	1	100	$100 \times 0.05 = 5$	105	0
2	100	5	105	5	2	105	$105 \times 0.05 = 5.3$	110.3	0
3	100	5	105	5	3	110.3	$110.3 \times 0.05 = 5.5$	115.8	0
4	100	5	105	105	4	115.8	$115.8 \times 0.05 = 5.8$	121.6	121.6

현금흐름도 (Cash Flow Diagram)	• 투자 타당성을 분석하는 데 필요한 정보를 제공함 • 일정기간 동안 들어오는 금액은 위로 향하는 화살표(현금증가)로 표시함 • 일정기간 동안 나가는 금액은 아래로 향하는 화살표(현금감소)로 표시함

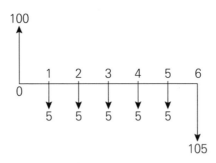

채무자 "돈을 빌린 사람"

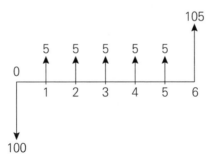

채권자 "돈을 빌려준 사람"

TIP   순현금흐름도(Net Flow Diagram)

동시에 발생하는 현금 유입(+)과 유출(-)의 합을 표시함

03 이자 공식

이자공식에 사용되는 Notation

i: 이율

P: 현재금액 또는 원금

F: 미래금액 또는 원리합계 금액

n: 이자계산기간

A: 매 기간 말에 발생하는 동일한 지불

TIP　　이자계산시 Check Point

- 매 연말은 다음해의 연초
- P는 현재라고 생각되는 시점에서 그 해(년)초에 발생함
- F는 현재라고 생각되는 시점에서 n번째 해(년)말에 발생함
- A는 고려되고 있는 각 해의 기말에 발생함

3.1 일회지불 복리계수 (Single-Payment Compound-Amount Factor)

일회지불 복리계수 (Single-Payment Compound-Amount Factor)	현재 P를 n기간 동안 예치할 경우 만기 시 찾을 수 있는 금액 F를 계산할 때 이용함

P(현재금액)를 알 때 F(미래금액)를 구하는 경우에 이용

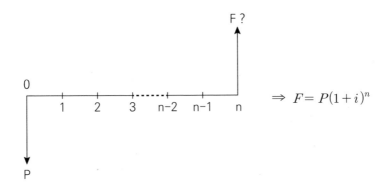

$$\Rightarrow F = P(1+i)^n$$

예 제

어느 디벨로퍼가 사업부지를 100억 원에 구입하였다. 이자율 5%로 가정하였을 때 5년 후 부지를 매매할 경우 기대되는 가치는 얼마인가?

풀 이

$F = 100$억 원 $\times (1+0.05)^5 = 127.6$억 원
$\Rightarrow$ 5년 후 부지의 미래가치액 (F)은 127.6억 원

3.2 일회지불 현가계수 (Single-Payment Present-Worth Factor)

일회지불 현가계수 (Single-Payment Present-Worth Factor)	n기간 후에 F를 찾기 위해 현재 예치해야 하는 금액 P를 계산하는 경우 이용함

F(미래금액)를 알 때 P(현재금액)를 구하는 경우에 이용

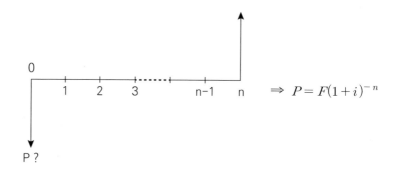

$$\Rightarrow P = F(1+i)^{-n}$$

（ 예 제 ）

어느 디벨로퍼가 5년 후 500억 원 규모의 주상복합 건물을 건설하고자 한다. 이자율을 7%로 가정하였을 때 이 디벨로퍼는 얼마를 은행에 예치해야 하는가?

（ 풀 이 ）

- 500억 원 $= F(1+0.07)^{-5}$
- $F = \dfrac{500억 원}{(1+0.07)^5} = 356.5억 원$

⇒ 디벨로퍼는 5년 후의 주상복합 건물 건설을 위해 356.6억 원을 예치해야 함

3.3 등액지불 복리계수 (Equal-Payment-Series Compound-Amount Factor)

등액지불 복리계수 (Equal-Payment-Series Compound-Amount Factor)	매기간 말 동일한 금액 A를 불입한 후 만기시 찾을 수 있는 금액 F의 계산시 이용함

A(지불액)를 알 때 F(미래금액)를 구하는 경우에 이용

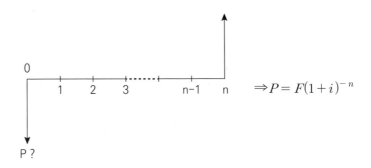

$$\Rightarrow P = F(1+i)^{-n}$$

(예 제)

어느 디벨로퍼가 5년 만기로 매기간 말 100만원씩 불입하였다면 만기시 찾을 수 있는 총금액은 얼마인가?

(풀 이)

$$F = 100 \left[\frac{(1.12)^5 - 1}{0.12} \right] = 635.28억 원$$

연 말	연말 지불액 복리계수	5년 말의 복리금액	총 복리금액
1	$100 \times (1.12)^0$	100.00	–
2	$100 \times (1.12)^1$	112.00	–
3	$100 \times (1.12)^2$	125.44	–
4	$100 \times (1.12)^3$	140.49	–
5	$100 \times (1.12)^4$	157.35	635.28

3.4 등가 지불 채무상환 기금계수 (Equal-Payment-Series Sinking-Fund Factor)

등가지불 채무상환 기금계수 (Equal-Payment-Series Sinking-Fund Factor)	n번째 기간 말에 금액 F를 찾기 위해서 매 기간 말에 불입할 금액 A를 계산할 때 이용함

F(미래금액)를 알고 A(지불액)를 구하는 경우에 이용

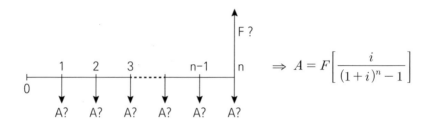

$$\Rightarrow A = F\left[\frac{i}{(1+i)^n - 1}\right]$$

> **예 제**

어느 문화시설을 3년 후에 300억원의 가격으로 구입한다고 하자. 이 문화시설을 구입하기 위해 매년 얼마만큼의 예산을 확보해 놓아야 하는가?(이자율 5%로 가정함)

> **풀 이**

$$A = 300억 원 \frac{\left[(1+0.05)^3 - 1\right]}{0.05} = 95.16억 원$$

문화시설을 구입하기 위해 매년 95.16억 원의 예산을 확보해야 함

3.5 등액 지불 자본회수계수 (Equal-Payment-Series Capital-Recovery Factor)

등액지불 자본회수계수 (Equal-Payment-Series Capital-Recovery Factor))	금액 P를 투자하고 매 기간 말 동일한 금액으로 n 기간 동안 상환 받을 경우 1회 회수금액 A를 계산할 때 이용함

P(현재금액)를 알고 A(지불액)를 구하는 경우에 이용

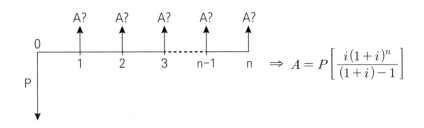

$$A = P\left[\frac{i(1+i)^n}{(1+i)-1}\right]$$

예 제

한국도로공사는 서울~부산간 Super-Highway 건설을 위하여 K은행으로부터 5,000억 원을 대출받고 이를 10년간 분할상환하기로 하였다. 매년 상환해야 할 금액은 얼마인가?

풀 이

$$A = 5,000억 원\left[\frac{0.12 \times (1+0.12)^{10}}{(1+0.12)-1}\right] = 885억 원$$

⇒ 한국도로공사는 매년 885억 원을 K은행에 상환해야 함

04 화폐의 가치

4.1 미래가치(Future Value)

미래가치(Future Value)	일정금액을 투자하고 일정한 이자율(수익률)이 적용되어 이자와 원금을 합한 미래 일정시점의 화폐 가치

- 미래가치의 산출식
  - 연복리 $FV = PV(1+i)^n$
  - 월복리 $FV = PV(1+\dfrac{i}{m})^{n \times m}$

  여기서, FV: 미래가치

  PV: 현재가치

  n: 이자계산 기간 수(년)

  m: 연간 이자계산횟수(12개월)

  i: 이자율

(예 제)

물류센터를 건설하려고 한다. 기준연도를 2008년으로 보았을 때 총 공사비가 1,000억 원이 산출되었다. 하지만 공사시작 연도는 2013년으로 현재가치 공사비 1,000억 원에 대한 미래가치를 산출해보자(할인율 10%).

(풀 이)

- 연복리계산 = 1,000억 원 $\times (1+0.1)^5 = 161,051,000,000$원
- 월복리계산 = 1,000억 원 $\times (1+\dfrac{0.1}{12})^{12 \times 5} = 164,530,893,478$원

4.2 연금의 미래가치

현금흐름이 일정한 기간과 일정한 간격으로 발생하는 것을 의미

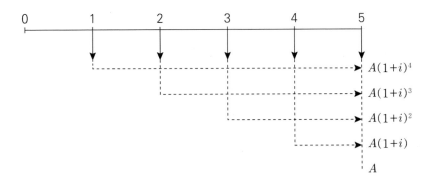

현금흐름이 일정한 기간과 일정한 간격으로 발생하는 것을 의미

- 현금흐름이 기말에 발생했을 경우 $FVA = A \times \dfrac{(1+i)^n}{i}$

- 현금흐름이 기초에 발생했을 경우 $FVA = A \times \dfrac{(1+i)^{n+1} - (1+i)}{i}$

여기서, FVA: 연금의 미래가치

      A: 매 기간의 현금흐름

      n: 이자계산 기간수(년)

      i: 이자율

고속도로를 운영함에 있어 Toll Gate를 통하여 걷어 들이는 수익이 매년 말 500억 원이라 할
때 5년이 지난 후 통행료의 미래가치액은 얼마인가?(할인율 10%, 현금흐름은 기말에 발생한
다고 가정함)

풀 이

Toll Gate 수익에 대한 현금 흐름도(기말)는 다음과 같이 나타낼 수 있음

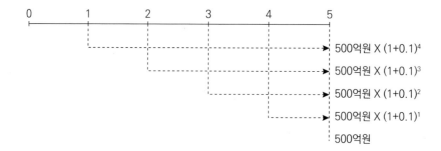

4.3 현재가치(Present Value)

현재가치 (Present Value)	미래에 발생할 현금흐름을 현재 시점을 기준으로 계산할 때 그 가치가 얼마인가를 할인하여 추정하는 것

- 현재가치의 산출식

    - 연복리 $\quad PV = FV \times \dfrac{1}{(1+i)^n}$

    - 월복리 $\quad PV = FV \times \left(\dfrac{1}{(1+\dfrac{i}{m})^{n \times m}} \right)$

    여기서, FV: 미래가치

    $\qquad\quad PV$: 현재가치

    $\qquad\quad n$: 이자계산 기간수(년)

    $\qquad\quad m$: 연간 이자계산횟수(12개월)

    $\qquad\quad i$: 이자율

예제

A아파트의 주인이 향후 15년 뒤에 아파트 가격을 15억 원으로 기대한다면 이 아파트에 대한 현재가치는 얼마인가?(이자율은 5%로 가정함)

풀이

- 연복리 계산 = 15억 원 $\times (1/(1+0.05)^{15} = 721,525,647$원
- 월복리 계산 = 15억 원 $\times (1/(1+0.05/12)^{12 \times 15} = 709,654,733$원

4.4 연금의 현재가치

현금흐름이 일정한 기간과 일정한 간격으로 발생하는 것을 의미

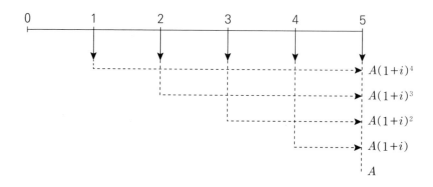

■ 연금의 현재가치 산출식
  • 현금흐름이 기말에 발생했을 경우

$$FVA = A \times \left(\left(\frac{1 - \frac{1}{(1+0.1)^n}}{i} \right) \right)$$

  • 현금흐름이 기초에 발생했을 경우

$$FVA = A \times \left(\frac{1 + i - \frac{1}{(1+0.1)^{n-1}}}{i} \right)$$

  여기서, FVA: 연금의 미래가치

   A: 매 기간의 현금흐름

   n: 이자계산 기간수(년)

   i: 이자율

예 제

A아파트의 주인이 아파트 집세를 매월 50만원씩 5년간 수령할 경우 집세의 현재 가치는 얼마인가?(이자율은 10%로 가정함)

풀 이

• 현재가치의 계산(기말)

$$= 500,000 \times \left(\frac{1 - \dfrac{1}{(1+0.1)^5}}{0.1} \right) = 23,532,685 \text{원}$$

• 현재가치의 계산(기초)

$$= 500,000 \times \left(\frac{1 + 0.1 - \dfrac{1}{(1 + \dfrac{0.1}{12})^{5 \times 12 - 1}}}{\dfrac{0.1}{12}} \right) = 23,728,790 \text{원}$$

주택금융 관련
고정금리와 변동금리

01 주택금융에 적용되는 고정금리

1.1 고정금리저당대출

전 대출기간 동안 동일한 이자율이 적용되는 방식이다. 다른 조건이 동일할 때 고정금리대출은 변동금리대출보다 초기이자율이 더 높은 편이다. 고정금리대출은 대출실행 이후 금융기관이 위험요인을 대출금리에 추가적으로 반영하지 못한다(위험 프리미엄을 사전에 반영).

1) 고정금리대출 이자율의 결정요인(=금융기관의 요구수익률)

명목금리 = 실질금리 ± (대출관련)위험에 대한 대가 + 예상인플레이션율

2) 대출기관의 대출위험(저당위험)요인

채무불이행 위험	• 차입자의 상환능력 부족에 따른 위험이다. • 저당대출 이후 주택의 담보가치가 하락하여 대부비율이 상승하는 경우에 따른 위험이다. • 차입자의 신용평가를 강화(DTI 적용)하고, 대출초기에 대부비율(LTV)을 하향조정하면 채무불이행위험을 감소시킬 수 있다.
금리(이자율) 변동위험	• 대출실행 이후 시장금리가 상승함에 따른 위험이다. • 고정금리대출기관은 금리변동위험에 심하게 노출되어 있기 때문에 변동금리대출기관과 이자율스왑계약 체결을 통하여 금리변동위험을 전가한다.
조기상환위험 (만기 전 변제위험)	시장금리 하락기에 발생가능하며, 대출기관은 차입자의 조기상환에 대한 조기상환수수료를 부과할 수 있다.
유동성위험	• 자금의 단기조달과 장기운용(대출)의 현금흐름 불일치로 인한 위험이다. • 장기운용(대출)에 따른 원금회수의 불확실성에 따른 위험이므로, 주택저당대출채권에 대한 유동화(MBS제도)가 요구된다. • 대출기관이 대출채권을 유동화시켜서 추가적으로 자금을 더 조달하면 유동성위험은 감소한다.
법적 · 행정적 위험	정부의 정책이나 행정적 규제로 인하여 발생하는 위험이다.

담보인정비율(LTV)과 총부채상환비율(DTI)

1. 담보인정비율(LTV)

$$담보인정비율(LTV) = \frac{부채}{부동산가치}$$

• 다른 조건이 일정할 때, 담보인정비율이 높을수록 대출수요가 증가하고 부동산(주택)수요도 증가한다.
• 다른 조건이 일정할 때, 담보인정비율이 높을수록(대출기관의 채무불이행위험이 커지므로) 대출이자율도 높아진다.

2. 총부채상환비율(DTI)

$$총부채상환지율(DTI) = \frac{원리금상환액^*}{연소득}$$

※ 원리금상환액 = 융자금 × 저당상수

총부채상환비율(DTI): 차입자의 소득(상환능력)을 고려하여 대출가능금액을 결정한다.

- DTI를 도입·적용하는 것은 담보대출규제를 강화하는 것이다.
- 단, DTI비율 자체를 높여주면 종전보다 대출가능금액이 증가한다.
- 주택금융에서는 LTVD와 DTI를 적용하여 적은 한도를 기준으로 대출가능금액을 결정한다.

예 제 1

주택 시장가치가 3억원, 연소득이 5,000만원, 다른 부채가 없다면, 최대 대출가능 금액은?

- 연간저당상수: 0.1
- 담보인정비율(LTV): 시장가치기준 60%
- 총부채상환비율(DTI): 40%

풀 이

- 담보인정비율$(LTV) = 60\%, 1억\,8천만원$
- 총부채상환비율$(DTI) = \dfrac{연간원리금상환액(X)}{연간소득(5,000만원)} = 40\%, 부채서비스액은 2천만원$

▶ 정답: 1억 8천만원

（예제 2）

A가 주택을 담보로 대출을 받고자 할 때 A가 받을 수 있는 최대 대출 가능금액은?

- 대출승인 기준: 담보인정비율(LTV) 60%
- 소득대비 부채비율(DTI) 40%
- A의 주택의 담보평가가격: 500,000,000원
- A의 연간소득: 60,000,000원
- 사업자금대출: 연간 12,000,000원 부채상환
- 연간 저당상수: 0.12

（풀이）

- 담보인정비율$(LTV) = \dfrac{부채(X)}{부동산가치(5억)} = 60\%$, 대출가능금액은 3억원

- 총부채상환비율$(DTI) = \dfrac{연간원리금상환액(X)}{연간소득(6,000만원)} = 40\%$, 부채서비스액은 2,400만원

  전체한도(2,400만원)에서 사업자금대출 상환액(1,200만원)을 차감, 1,200만원

- 부채 $= \dfrac{부채서비스액(1,200만원)}{저당상수(0.12)} = 1억원$

▸ 정답 : 1,000,000,000원

（예제 3）

A씨는 이미 은행에서 부동산을 담보로 7,000만원을 대출받은 상태이다. A씨가 은행으로부터 추가로 받을 수 있는 최대 담보대출금액은?(단, 주어진 조건에 한함)

- 연간저당상수: 0.1
- 담보인정비율(LTV): 50%
- 총부채상환비율(DTI): 40%
- 담보 부동산이 시장가치: 5억원
- 연소득: 6,000만원

풀 이

• 담보인정비율$(LTV) = \dfrac{\text{부채}(X)}{\text{부동산가치}(5억원)} = 50\%$, 대출가능금액은 2억 5천만원

• 총부채상환비율$(DTI) = \dfrac{\text{연간원리금상환액}(X)}{\text{연간소득}(6{,}000만원)} = 40\%$, 부채서비스액은 2천 4백만원

• 부채 $= \dfrac{\text{부채서비스액}(2{,}400만원)}{\text{저당상수}(0.1)} = 2억 4천만원$

담보인정비율(LTV)와 총부채상환(DTI) 중 적은 금액은 2억 4천만원이 된다.

기존대출이 7,000만원이 있으므로 추가로 1억 7천만원이 가능하다.

▶ 정답: 1억 7천만원

예제 4

80,000,000원의 기존 주택담보대출이 있는 甲은 A은행에서 추가로 주택담보대출을 받고자 한다. A은행의 대출승인기준이 다음과 같을 때, 甲이 추가로 대출 가능한 최대금액은?

• 연간저당상수: 0.1
• 담보인정비율(LTV): 70%
• 소득대비부채비율(DTI): 50%
• 주택의 담보평가가격: 400,000,000원
• 연소득: 40,000,000원

풀 이

• 담보인정비율$(LTV) = \dfrac{\text{부채}(X)}{\text{부동산가치}(4억원)} = 70\%$, 대출가능금액은 2억 8천만원

• 총부채상환비율$(DTI) = \dfrac{\text{연간원리금상환액}(2{,}000만원)}{\text{연간소득}(4{,}000만원)} = 50\%$

대출가능금액은 $\dfrac{\text{연간원리금상환액}(2{,}000만원)}{\text{저당상수}(0.1)} = 2억원$

기존 80,000,000원이 있으므로 추가로 120,000,000원의 대출이 가능하다.

▶ 정답: 120,000,000원

3) 고정금리저당대출의 특징

① 예상하지 못한 인플레이션이 발생하면(즉, 시장금리가 상승하면) 대출기관은 불리해지고(손해), 차입자는 상대적으로 유리해진다.

② 시장이자율이 대출약정이자율보다 하락하면 차입자는 상대적으로 불리해진다(변동금리로 차입하였다면 상환부담이 줄어들게 됨).
차입자가 고정금리대출을 이용하여도 금리변동위험은 있다.

③ 고정금리대출은 대출기관과 차입자 모두 금리변동위험에 노출되어 있으며, 이때 대출기관의 금리변동위험이 더 크다.

④ 장기대출일수록 대출기관의 금리변동위험과 유동성위험이 커진다. 예컨대 만기 5년상품보다 만기 20년상품의 대출이자율이 더 높게 적용된다.

⑤ 향후 시장금리가 상승할 것으로 예상되면, 차입자는 변동금리 대출보다는 고정금리대출을 이용하는 것이 유리하다.

02 주택금융에 적용되는 변동금리

2.1 변동금리저당대출

시장금리에 따라 대출금리가 계속 변동하는 형태이다(예 CD(양도성예금증서) 연동·COFIX(코픽스)연동·금융(1년)연동 주택담보대출).

1) 변동금리의 결정유인(CD연동 주택담보대출의 경우)

변동금리의 대출금리 = 기준금리(지표) ± 가산금리(마진)

① 기준금리: 만기가 91일(3개월) CD금리가 적용되며, 3개월 단위로 금리를 조정한다.

② 가산금리: 금융기관이 차입자의 직업·신용도 등에 따라 차등 적용한다.

③ CD연동 주택담보대출의 경우, 대부분 만기일시 상환방식을 채택한다.

2.2 코픽스(COFIX)연동 주책담보대출

① 기준금리: 코픽스 금리(은행의 자본조달비용을 반용한 지수)
② 은행연합회가 자본조달상품 관련비용(수신금리)을 취합하여 산출한다.
③ 지수산출대상상품: 정기예금, 정기적금, 상호부금, 주책부금, 양도성예금
   증서(CD), 환매조건부채권, 표지어음매출, 금융채(단, 후순위채 및 전화사
   채 제외)
④ 코픽스연동 주책담보대출이 CD연동 주책담보대출보다 기준금리를 결정
   하는 요인이 더 다양한 편이다. 대출자에게 기준금리를 결정하는 재량
   권을 더 많이 부여한다.

2.3 차입자의 금리변동 위험 줄이기

① 다른 조건이 일정할 때, 기준금리의 조정주기가 짧은 것보다 조정주기가
   긴 상품(코픽스연동 주택담보대출)을 이용하는 것이 차입자의 금리변동위
   험을 줄일 수 있다.
② 시장금리 상승기에는 코픽스연동 주책담보대출(조정주기가 긴 상품을 이용하
   는 것)을 이용하는 것이 금리 상승에 대한 부담을 줄여줄 수 있다.
③ 시장금리 하락기에는 CD연동 주책담보대출(조정주기가 짧은 상품을 이용
   하는 것)을 이용하는 것이 이자상환부담을 줄여줄 수 있다.

■ CD연동 주택담보대출과 코픽스연동 주택담보대출 비교

구분	CD연동 주택담보대출	코픽스연동 주택담보대출
기준금리	CD금리(3개월)	코픽스기준금리
기주금리 조정주기	3개월	6~12개월(1년)
차입자의 금리변동위험	상대적으로 큰 편	상대적으로 작은 편
시장금리 상승기	차입자 상대적으로 불리	차입자 상대적으로 유리
시장금리 하락기	차입자 상대적으로 유리	차입자 상대적으로 불리

[참고] 해커스 공인중개사 핵심 요약집, 2017

2.4 변동금리저당대출의 특징

① 대출기관은 금리변동위험을 회피하기 위하여 변동금리대출상품을 판매한다.
 − 변동금리대출은 대출자(대출기관)를 인플레 위험으로부터 어느 정도 보호해준다.

② 금리변동위험을 대출기관이 차입자에게 전가시키는 형태이다.
 − 차입자는 고정금리에 비하여 금리변동위험이 큰 편이다.
 − 대출기관이 차입자에게 금리위험을 전가하였다고 해서 대출기관의 금리변동위험이 완전히 제거되는 것은 아니다.

③ 기준금리의 조정주기가 짧을수록(예 3개월 ⇨ 1개월) 금리변동위험은 대출기관에서 차입자에게 더 많이 전가된다. 기준금리의 조정주기를 길게(예 3개월 ⇨ 6개월) 하면 차입자의 금리변동위험이 작아지지만, 대출기관의 금리변동위험은 커지프로 최초적용되는 대출금리는 높아지게 된다.

④ 주택가치 하락, 차입자의 소득수준 저하, 신용도의 하락, 연체실적 등은 위험요인이 되므로 대출기관의 가산금리 상승요인이 된다.

⑤ 담보대출 이후 주택가치가 하락하면 대부비율(LTV)이 상승하게 되므로 대출기관의 위험이 커지게 된다.

⑥ 금리상한선이 설정된 대출상품은 차입자를 금리 상승에 따른 위험으로 부터 어느 정도 보호해준다.

⑦ 금리하한선이 설정된 대출상품은 대출자를 금리 하락에 따른 위험으로 부터 어느 정도 보호해준다.

CHAPTER 03

부동산 저당 대출의 상환방법

01 원리금 균등 상환방식

① 매년 원리금(상환금액)이 균등(일정)한 상환방식이다.

② 상환액산출 과정

  (1) 매년 원리금 = 대출원금(융자금 · 저당대부액) × 저당상수
  (2) 매년 이자지급분 = 저당잔금 × 이자율
  (3) 매년 원금상환분 = (1)원리금 − (2)매년의 이자지급분

③ 원리금의 원금과 이자의 구성비율은 시간이 경과함에 따라 달라진다. 이 자지급분은 점차 감소하고, [이자지급곡선은 '−'(마이너스)의 기울기를 가지고], 원금상환분은 점차 증가한다. [원금상환곡선은 '+'(플러스)의 기울기를 갖는다].

④ 매기의 원리금, 이자지급분, 원금상환분, 잔금과 잔금비율 등을 표기한 것을 상환조견표라 한다.

⑤ 매기의 상환금액이 일정하므로 차입자의 소득이 일정한 경우에 적합하다.
  − 원금 균등상환방식에 비하여 차입자의 초기상환부담이 적은 편이다.
  − 원금 균등상환방식보다 대출기관의 원금회수가 느린 편이다.

– 잔고가 신속하게 감소하지 않으므로 전체 대출기간을 고려한 차입자의 상환부담이 원금 균등상환방식에 비하여 많은 편이다.

■ 대출원금 1억원, 대출기간(만기) 20년, 금리 10%인 경우의 상환조견표
(저당상수＝0.11746)

기간	원리금	이자지급분	원금상환분	잔금(미상환)	잔금비율
0	0	0	0	100,000,000	1.00000
1	11,746,000	10,000,000	1,746,000	9,825,400	0.98254
2	11,746,000	9,825,400	1,920,600	96,333,400	0.96334
...	...	...	...	...	...
19	11,746,000	2,008,380	9,707,620	10,676,180	0.106762
20	11,746,000	1,067,620	10,676,180	0	0

02 원금 균등 상환방식(체감식 상환방식)

① 매년 상환하는 원금이 균등(일정·고정)한 방식이다.
② 상환액산출 과정

  (1) 매년 균등한 원금＝ 대출원금(융자금) ÷ 대출(상환)기간
  (2) 매년 이자지급분＝ 저당잔금 × 이자율
  (3) 매년 원금상환분＝ (1)매년 균등한 원금 ＋ (2)잔금에 해당하는 이자

③ 원금이 매년 일정액씩 상환되므로 이자지급분도 점차 감소한다.
  – 매기 원리금은 상환기간이 지남에 따라 감소한다.
  – 대출기간의 1/2이 지나면 대출원금의 1/2이 정확히 감소한다.
④ 원리금 균등상환방식에 비하여 초기차입자의 원리금상환부담은 많은 편이다.

■ 원금 균등상환방식의 상환조견표

기간	원금상환분	이자지급분	원리금	잔금
0	0	0	0	100,000,000
1	5,000,000	10,000,000	15,000,000	95,000,000
2	5,000,000	95,000,000	14,500,000	90,000,000
...	...	...	...	...
19	5,000,000	1,000,000	6,000,000	5,000,000
20	5,000,000	500,000	5,500,000	0

■ 원금 균등상환방식과 원금 균등상환방식의 원리금상환구조

구분	원리금(A + B)	원금상환분(A)	이자지급분(B)
원금균등	0	0	0
원리금균등	5,000,000	10,000,000	15,000,000

03 체증식(점증) 상환방식

① 소득이 증가함(계획된 증가율)에 따라 상환금액을 늘려가는 방식이다.
② 젊은 저소득층이나 주택의 보유예정기간이 짧은 사람에게 적합한 방식이다.
③ 초기상환금액이 매월지급이자를 충당하기에 부족하므로 금융기관 입장에서는 부(-)의 상환이 발생할 가능성이 있다.
④ 원금 균등상환방식·원리금 균등상환방식보다 초기에 대출기관의 원금 회수위험이 크다.
⑤ 한국주택금융공사의 모기지론대출에 일부 활용되고 있다.

차입자의 초기상환금액부담 정도 (대출기관의 대출원금회수속도)	원금균등상환방식 > 원리금균등상환방식 > 체증식 상환방식
대출기관의 원금회수위험 크기	체증식 상환방식 > 원리금균등상환방식 > 원금균등상환방식
중도상환시 미상환대출잔액 크기	체증식 상환방식 > 원리금균등상환방식 > 원금균등상환방식
대출기간 전체를 고려한 이자상환부담 정도	원리금균등상환방식 > 원금균등상환방식

04 계단식 상환방식

체증식 상환방식과 원리금 균등상환방식의 두 가지를 절충한 방식이다. 초기에는 체증식 상환방식으로 상환하다가 일정기간이 지나면 원리금 균등상환방식으로 전환된다.

05 원금만기(일시) 상환방식

대출기간 내에 이자만 상환하고 대출의 만기에 원금을 전액 일시 상환하는 방식(예 CD연동 주택담보대출)이다.

공공주택 금융

01 우리나라의 주택(부동산)금융

주택도시 기금	• 국토교통부장관이 기금을 운용·관리하며, 주택도시보증공사에게 업무를 위탁할 수 있다. • 국민주택채권·청약저축발행 등으로 자금을 조달한다. • 기금의 부담으로 한국은행 또는 금융기관으로부터 차입한다. • 주택계정: 국민주택규모 이하의 주택구입·임차, 국민주책 및 준주책의 건설 등 • 도시계정: 도시재생사업 등에 출자·투자·융자
한국주택 금융공사 (HF)	• 주택저당증권(MBS) 발행을 통하여 주택자금을 조달하고, 금융기관을 통하여 주택의 수요자에게 자금을 공급한다. ⇨ 보금자리(모기지)론, 내집 마련 디딤돌대출 등 • 대출기간: 10년, 15년, 20년, 30년 • 원금균등(체감식)상환방식, 원리금 균등상환방식, 체증식 상환방식 • 융자비율: 70%(총부채상환비율 충족시)
주택신용 보증기금	• 한국주택금융공사에 합병되어 있으며, 차입자의 채무불이행을 방지·보전하여 주택금융활성화에 기여한다(직접적 대출기관 ×). ⇨ 전세(월세)자금보증, 중도금보증, 모기지신용보증, 건축·개량 자금보증, 건설자금보증 등

주택도시 보증공사	• 주택도시기금의 전담 운용기관이다. • 주택선분양제도하에서 주택의 완공을 보증하여 입주예정자의 안전한 입주를 보장하는 기관이다. • 건설회사의 부도 발생시 계약금 혹은 중도금을 환급받게 해주거나, 새로운 시공사를 선정하여 공사를 진행할 수 있도록 한다. ⇨ 주택사업보증(분양 및 임대보증금보증, ABS보증 등) • 부동산투자회사의 자산보관업무를 수행한다.

내집 마련 디딤돌대출

개별적으로 운영되던 정부의 주택금융지원제도를 하나로 통합, 지원대상과 기준을 일원화하고 최저금리수준으로 가계 빚부담을 덜고 내집 마련의 문턱을 낮춘 새로운 개념의 통합 정책 모기지이다.

1. **지원대상 · 지원규모 확대**: 부부합산 연소득이 6천만원 이하인 무주택자까지 이용이 가능하며, 생애최초 구입자는 7천만원 이하까지 지원이 가능하다.
2. **금리 인하, 대출규제완화**: 금리는 소득 · 만기별로 차등하여 시중 최저수준으로 지원되며, 고정금리 혹은 5년단위 변동금리 중 선택이 가능하다.
3. **상환방식**: 원리금 균등상환방식, 원금 균등상환방식

02 주택(담보 노후)연금 – 역저당 · 역모기지론

대출기관이 노년층(60세 이상)을 대상으로 주택을 담보로 하여 연금형태로 일정액을 지불하는 방식으로, 이용자가 연금을 받는 형태이다.

지급받을 연금액의 계산

예를 들어 담보인정비율의 60%에 해당하는 금액이 2억원이라 가정하고, 2억원의 연금을 20년 동안 나누어 받고자 할 때 매년 받는 연금은 2억원에 감채기금계수(20년)를 곱하여 구할 수 있다.

$$매년 연금지급액 = 2억 원 \times 감채기금계수(20년, r = 10\%, 0.017460)$$
$$= 3,492,000원$$

연금수령액 산정 시 소득대비 부채비율(DTI)은 적용하지 않는다.

한국주택금융공사의 주택(담보 노후)연금 ⇨ 공적 보증

1. 만 60세 이상인 1세대 1주택소유자에 한하며, 사전가입제도 등도 있다.
2. 대상주택: 한국감정원 감정 평가액 기준 9억원 이하의 주택 및 지방자치단체에 신고된 노인복지주택(상가 등 복합용도주택은 전체 면적 중 주택이 차지하는 면적이 1/2 이상인 경우 가입할 수 있다. 단, 확정기간방식에는 노인복지주택은 제외한다.)
3. 대상주택에 권리침해, 제한물권, 보증금 있는 임대차계약이 없어야 한다. 단, 저당권 등을 말소하거나 임대차계약을 해지하는 경우에는 이용가능하다.
   → 주택담보대출의 상환용도로 이용가능

4. 연금지급유형

종신방식	종신지급방식	수시인출한도 설정 없이 월지급금
	종신혼합방식	수시인출한도 설정, 나머지 부분 월지급금
확정기간방식	소유자가 선택한 일정한 기간 동안 지급(10년, 15년, 20년, 25년, 30년)	
우대방식	부부기준 1.5억원 이하 1주택 보유자에게 종신방식보다 월지급금을 최대 17% 우대 지급	

   - 계약종료(이용자 사망) 후 금융기관이 주택처분 후 대출금을 회수하고, 일시 상환한다.
   - 부족부분은 상환청구하지 않으며, 남는 부분은 상속인에게 반환된다.

5. 중도상환수수료 없이 언제든지 일부·전부 정산이 가능하다(단, 초기 보증료는 환급되지 않음).

03

프로젝트 자금과
프로젝트 파이낸싱

도 시 부 동 산 투 자 금 융 론

프로젝트의 자금조달 방식

01 금융권 자금

1.2 은행(고유계정, 신탁계정)

고유계정	• 재원: 은행 자본금, 잉여금 + 고객의 예수금 • 운용대상: 아파트, 주상복합, 주거용 오피스텔 개발사업 • 운용방법: 부동산 개발사업 P/F, Bridge Loan, ABS채권 인수 • 특징: 수수료율과 금리가 낮은 대신 안정성 높은 개발사업 위주로 운용
신탁계정	• 재원: 신탁고객의 수탁자산(금전 및 실물자산 등) • 운용대상: 주거용 부동산 및 상가, 오피스텔, 오피스 등 수익형 부동산 개발사업 • 운용방법: 신탁대출, ABS채권 인수, 부동산관련 유가증권(MBS 등) 매입 • 운용과목: 부동산투자신탁, 특정금전신탁 • 특징: 약간의 리스크를 부담하는 개발사업에 투자

※ 고유계정 부동산관련 금융: 부동산담보대출, 수분양자앞 중도금대출, 국민주택기금대출, 빌딩담보대출, 리츠사 편입자산관련 대출, 개발이익 조기 환수용 대출채권 매각, 리츠주식 인수, MBS채권 인수 등

1.2 제2금융권

보험사	• 재원: 자본금 및 잉여금, 보험가입고객의 보험료 • 운용대상: 주거용 부동산 및 상가, 오피스텔, 오피스 등 수익형 부동산 개발사업 • 운용방법: 대출, ABS채권 인수, 부동산관련 유가증권(MBS 등) 매입 등 • 특징: 약간의 리스크를 부담하는 개발사업에 투자하며, 장기운용과 수익성 우선시 • 주요회사: 생명보험회사(삼성생명, 교보생명, 동양생명, 금호생명 등) 손해보험회사(삼성화재, LG화재, 동양화재, 동부화재 등)
상호저축은행 캐피탈	• 재원: 자본금 및 잉여금 고객의 예수금 • 운용대상: 주고용 부동산 및 상가, 오피스텔 오피스 등 수익형 부동산 개발사업 • 운용방법: 토지매입잔금대출(2순위 저당대출 포함), 계약금 대출 • 특징: 상당한 리스크를 부담하는 개발사업에 투자하며, 단기운용과 수익성 우선 • 주요회사: 한국상호저축은행, 동부상호저축은행, 푸른상호저축은행, 텔슨상호저축은행, 제일상호저축은행, 진흥상호저축은행, 현대기업금융, 신한캐피탈 등
증권사 (부동산 펀드 관련 제외)	• 재원: 종합금융과 합병한 증권사의 자본금 및 잉여금 • 특징: 직접금융시장의 경험을 바탕으로 개발사업에 투자하며, 단기운용과 수익성 우선 • 주요회사: LG투자증권, 동양종합금융증권

02 부동산 간접투자방식

2.1 부동산간접투자방식의 유형

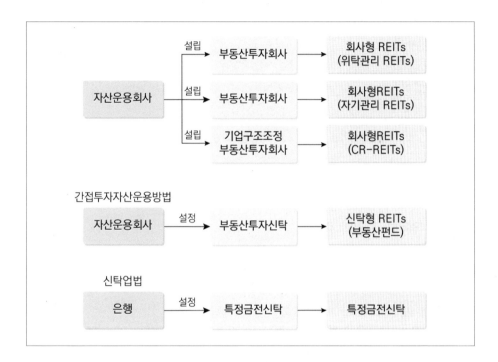

2.2 자산유동화

1) ABS의 기본구조

① 은행이나 기업 등이 보유하고 있는 ABS의 기초가 되는 자산을 특별목적
회사(SPC: Special Purpose Company)에 양도 혹은 신탁

② 특별목적회사는 이자산을 담보로 하여 ABS를 발행하고 발행한 증권을 일
반 투자자에게 매각하여 그 매각 대금을 자산 보유자에게 지급하는 구조

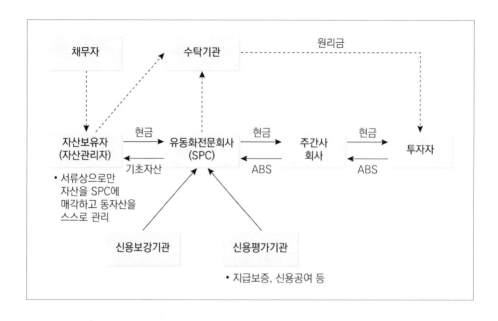

2) 자산 유동화 증권의 종류

(1) CBO(Collatral Bond Obligation)

- 회사채 등의 채권을 기초로 유동화된 자산 유동화 증권
- 신규 발행채권을 기초로 하는 발행시장 CBO(Primary CBO)와 이미 발행되어 유통되고 있는 채권을 기초로 발행되는 유동시장 CBO(Secondary CBO)로 나눠짐

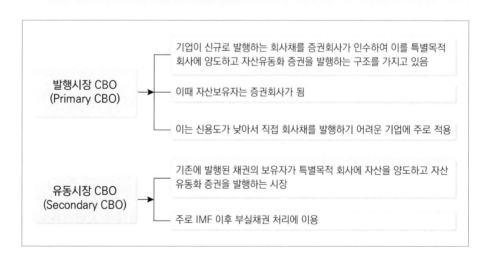

(2) CLO(Collateral Loan Obligation)

- 은행 등의 대출채권을 기초자산으로 발행되는 자산 유동화 증권
- 신규대출채권을 기초로 하는 발행시장 CLO(Priamry CLO)와 기존대출채권을 유동화하는 유동시장 CLO(Secondary CLO)로 나눠짐

(3) CARD(Certificates of Amortizing Revolving Debits)

신용카드 매출채권을 기초로 발행된 자산 유동화 증권

(4) ABCP(Asset Backed Commercial paper)

- 기업어용(CP)의 형태로 발행되는 자산 유동화 증권
- 장, 단기 금리차에 의한 자금조달 비용을 절감 할 수 있고 자산 유동화 증권의 경제성을 높일 수 있음

3) 자산 유동화 증권의 장단점

장점	단점
• 자금조달비용의 절감 및 재무구조 개선 • 기업/금융기관의 구조조정기능 원활화 • 계약절차 간소 및 투자자층의 확대	• 자산 유동화 증권 유통시장의 부재 • 부동산 자산 유동화의 어려움

2.3 주택저당채권 유동화(MBS)

1) 모기지(Mortgage)와 1, 2차 저당시장

① Mortgage를 우리는 '주택담보대출' 또는 '주택저당대출'이라는 말로 사용
② 주택저당시장이란 우리가 금융기관(시중은행이나 상호저축은행 등)에 가서
   주택을 구입하기 위하여 필요한 자금을 대출 받을 경우 대출금액에 알
   맞은 적정한 자산가치의 부동산물(주택)을 금융기관에 담보로 맡기고 필
   요한 자금을 차입해야 함
③ 금융기관과 차입자 사이에는 채권, 채무관계가 성립하는데 이를 1차 저
   당이라 하며 1차 저당 시장이라고도 함
④ 차입자는 그 대가로 주택저당대출을 받고 금융기관은 주택저당채권을
   갖게 됨
⑤ 여기에서 금융기관이 갖게 되는 저당채권을 유동화하여 금융상품으로
   판매하면 이를 매입한 다른 일반 투자자와 금융기관 사이에는 2차 저당
   시장이 형성됨
⑥ 1차 저당시장의 채권을 기초로 유동화 하는 것을 우리는 흔히 주택저당
   증권(MBS: Mortgage Backed Securities)이라고 말함

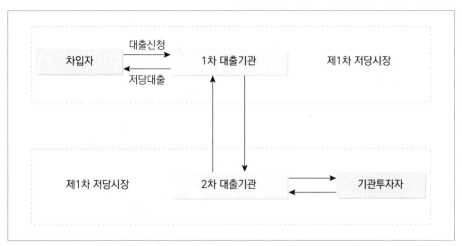

1차 저당시장과 2차 저당시장의 구조

2) 2차 저당채권의 유동화 구조

① 1차 저당시장에서 생기는 금융기관의 주택저당채권을 유동화(주택저당증권으로 발행)함
② 유동화하여 발행된 주택저당증권을 투자자에게 판매하면 금융기관에는 다시 현금이 유입되게 됨
③ 이렇게 유입된 현금을 새로운 차입자에게 대출해 주는 형태로서 2차 저당에서 유입된 자금은 저당권을 유동화하여 유입된 것이므로 무주택 서민들에게 장기, 저리로 대출하는 형태
④ 이 방법에는 MBS와 MBB의 2가지 방법이 있음

(1) MBS(Mortgage Backed Securitization)

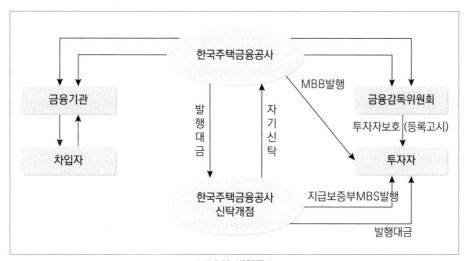

MBS의 발행구조

(2) MBS 유동화거래 구조

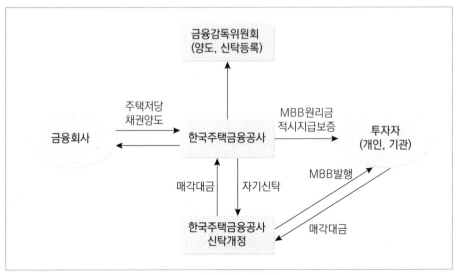

MBS의 유동화 거래구조

(3) 주택저당채권 담보부채권(MBB: Mortgage Backed Bond)

① 한국주택금융공사는 양도 받은 주택저당채권을 담보로 채권(MBB)을 발행
② 이는 자기신탁을 통해 발행한 증권인 MBS와는 다름
③ MBB의 소지자는 주택저당채권으로부터 제3자에게 우선하여 변제 받을 권리를 가짐
④ 부족분이 있을 경우에는 유동화 담보자산이 아닌 일반자산으로부터 변제 받을 수 있음

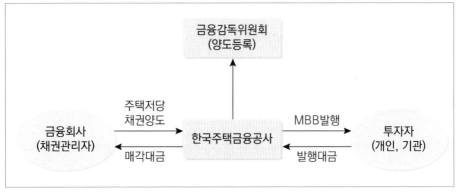

MBB의 유동화 거래구조

3) 주택저당증권(MBS)의 효과와 단점

(1) 주택저당증권(MBS)의 효과

① 주택구입자: 낮은 금리와 장기대출이 가능
② 금융기관
  - 한국주택금융공사에 양도하여 현금화함으로써 자산의 고정화에 따른 위험을 회피할 수 있음
  - 특히 단기로 조달한 자금을 장기로 대출하는 경우에 생기는 금리위험과 유동성 위험을 회피할 수 있음

③ 금융상품 투자
  - MBS는 채무불이행위험이 낮은 주택저당대출을 담보로 발행되기 때문에 안정성이 매우 높음
  - 국채금리에 일정 이자율을 가산하여 발행하므로 국채보다 수익성이 높은 장점을 가지고 있음
  - 주택저당증권(MBS)과 주택 저당채권 담보부채권(MBB)은 증권거래소에 상장되므로 환금성이 높음
  - 특히 중, 장기, 만기 구조로 발행하기 때문에 연기금에 유리

④ 일반경제: 주택저당증권(MBB)은 금융기관의 자금력을 확대하고 유동성을 크게 하기 때문에 주택대출뿐만 아니라 국가경제 전체의 안정과 국민의 재산형성에 기여

2) 주택저당증권(MBS)의 단점

① 역금리 현상: 만약 주택자금 공급규모에 비해 대출수요가 적을 경우에는 조달금리보다 대출금리가 낮은 역금리 현상이 발생할 수 있음
② 유동화 기술의 한계: 현재까지 우리나라에서 발행된 주택저당증권(MBS)은 대부분 국민주택기금에 의한 주택저당대출채권을 담보로 유동화한 것임. 이들 대출채권은 어느 정도 표준화가 잘 되어 있음. 기타 저당대출채권은 다양한 금리 및 만기구조로 인하여 표준화가 쉽지 않음

■ 은행대출과 모기지론의 대비표

구분		은행대출	모기지론
대출기간		단기(주로3년이하)	(거치기간 1년 포함)
			10년, 15년, 20년
금리		변동금리	고정금리
최대대출비율		집값의 40%수준	집값의 70%수준
상환방법		만기일시상환	매월균등분할상환
상환부담		만기에 상환부담 집중	장기간 분할상환
금리	상승시	이자부담 가중	추가 이자부담 없음
변동시	하락시	대환 가능	대환 가능
소득공제		대부분의 경우(3년단기) 없음	만기 15년 이상시 가능

자료: 한국주택금융공사

2.4 부동산투자회사(REITs)

1) REITs의 개념

다수의 투자자로부터 모은 자금을 부동산에 투자 운용하여 얻은 수익(부동산 임대소득, 개발이득, 매매차익 등)을 투자자에게 배당을 목적으로 하는 주식회사(2001년 4월 7일에 건설교통부에서 국민들의 부동산 투자기회를 제공 하고 부동산시장의 활성화를 위해 부동산 투자회사법을 통해 도입)

2) REITs의 종류

(1) 자산종류에 따른 분류

REITs의 기본적은 분류로서 지분형 REITs, 저당대출형 REITs, 혼합형 REITs로 나눠진다. 우리나라에서는 지분형 REITs가 도입

지분형 REITs (Equit REITs)	지분형 REITs와 저당 대출형 REITs의 장점을 결합한 복잡한 형태의 REITs
혼합형 REITs (Hybid REITs)	• 저당 대출형 REITs는 부동산 자산은 소유하지 않고 기초 부동산 자산에 의해 담보되는 저당채권(Mortgage)을 소유하게 됨. • 저당 대출형 REITs의 수입원은 이자와 대출채권 할인매입시의 할인 폭등임
저당 대출형 REITs (Mortgage REITs)	지분형 REITs는 투자자로부터 자금을 모아 부동산에 대한 소유권을 매입하고 운영한 후 수익을 투자자에게 배당하는 형태의 REITs

(2) 구조조정 관련성에 대한 분류

① CR-REITs(Corporate Restructuring REITs)
② 일반 리츠

3) REIT의 효과

① 부동산 시장 선진화 유도
② 기업 구조조정 지원
③ 새로운 부동산 투자기회 제공
  - 간접투자시장 창출
  - 포트폴리오 구성
  - 건설경기의 활성화

4) REIT와 CR-REITs

(1) 일반 REITs의 기본구조

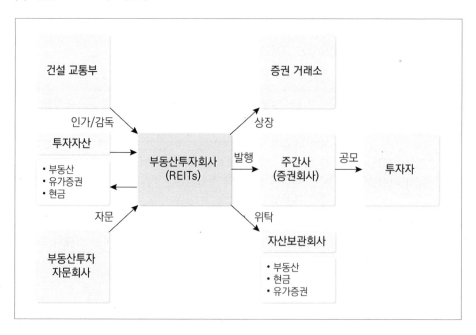

(2) CR-REITs의 기본구조

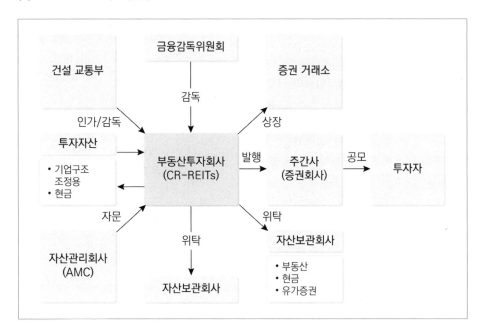

■ REITs 도입의 기대효과

구 분	제도도입 전	제도도입 후
정부정책	• 정부의 직접개입 • 정부의 재정부담 가중 • 부동산조세의 탈세방지 곤란	• 시장의 자율기능 제고, 간접개입 • 정부의 재정부담 완화 • 투명화를 통한 탈세방지 가능

일반국민	• 소액으로 부동산투자 불가능
	  (자본이득 편중)
	• 전세중심, 월세시장 미형성, 임대,
	  주택 공급부족
	• 단편적인 부동산서비스 제공
		• 소액으로도 우량 부동산투자 가능
		  (자본이득 분산)
		• 월세중심의 임대주택 공급확대
		• 주거생활 안정
		• 종합적인 부동산서비스 제공

건설업계 기업	• 개발자금을 제2금융권, 사채 등을 통해 조달 • 구조조정용 부동산 처분 곤란 • 단기임대중심 • 부동산 직접소유	• 개발자금을 자본시장에서 직접 조달 • 새로운 자산관리시장 형성 • 현물출자로 부동산처분 용이 • 중장기 임대시장 형성 • 기업 소요부동산 매각

구 분	제도도입 전	제도도입 후
부동산 업계	• 거래사례, 원가에 의한 감정평가 • 대기업 산하의 소규모 시설관리 • 불투명한 시설관리 • 부동산컨설팅업계의 낙후, 소형화 • 건설업체가 모든 부동산개발 수행	• 수익을 기초로 한 감정평가 • 다양한 대규모 자산관리업체 등장 • 투명하고 효율적인 자산관리 • 부동산투자 자문회사를 통한 대형화 • 선진화 • 부동산 개발/관리의 분업화, 전문화

부동산 시장	• 불투명(특히 임대시장)
	• 아파트 중심의 임대시장 형서
	• 외자유입 저조
	• 부동산가격의 급등락
		• 각종 정보공시를 통한 투명화
		• 다양한 임대시장
		  (임대, 오피스, 호텔, 창고, 산업시
		  설 등)
		• 수익률을 토대로 장기적 안정

자본시장	• 안정적이고 장기적 투자상품 부족 • 투자 포트폴리오 구성 어려움	• 안정적이고 장기적인 투자상품 제공 • 다양한 투자 포트폴리오 가능

출처: 건설교통부 홈페이지 자료실, 2020

구 분	REITs	CR-REITs	
		기존	개정
근거법	부동산투자회사법	기업구조조정 부동산투자회사법	부동산투자회사법
회사형태	실체회사	페이퍼컴퍼니	좌측과 같음
업무	부동산 매입, 개발, 관리, 처분	좌측과 같음	좌측과 같음
자금모집	주식발행	좌측과 같음	좌측과 같음
주식분산	1인당 10% 제한	없음	좌측과 같음
자산구성	총자산의 70% 이상 부동산, 90% 이상 부동산 + 부동산관련유가 증권 + 현금	총자산의 70% 이상 부동산 - 기업구조조정용, 금융 기관 부채 상환용 등	좌측과 같음
자산운용	내부운용, 외부위탁	외부위탁	좌측과 같음
개발사업	주식상장 후 자본의 30%까지	자본금 50%까지	자본금의 30%까지

구 분	REITs	CR-REITs	
		기존	개정
세재혜택	취득등록세1/2감면 보유 – 종합토지세 분리과세 • 법인세 면제혜택 없음 거래 – 특별부가세 1/2감면 • 법인세 면제 혜택 없음	• 취득 – 취·등록세 전액 면제 • 보유 – 종합토지세분리 과세 – 법인세 면제 • 거래 – 특별부가세1/2 감면 – 법인세 면제	좌측과 같음
차입	원칙적으로 금지	자본의 50%까지 허용	원칙적으로 금지
수탁기관	부동산투자자문회사 • 자본금 10억원, 전문인력인 3인, 건교부등록	부동산투자자문회사 • 자본금 30억원, 전문인력 5인, 금감위 등록	자산관리회사 • 자본금 70억원, 전문인력 5인 이상, 건교부인가
배당	90%이상 배당	주주에게 배당	좌측과 같음
존속기간	영속회사	한시회사	정관에 규정
감독	건교부인가 건교부인가+금감위 감독	금감위 등록, 금감위 감독	건교부인가 건교부+금감위 감독

참고: 금융위원회, REITs와 CR와CR-REITs의 차이
　　http://fcsc.kr/C/fu_c_03_02.jsp?faq_seq=9803&lineNo=1101

3.1 채권의 특성

1) 채권의 발행, 자격, 거래

- 채권: 원금은 물론 일정한 이자를 지급받을 권리가 주어져 있는 유가증권
- 일정기간 후에 얼마의 이익을 얻을 수 있는가 하는 수익성, 원금과 이자를 확실하게 받을 수 있는가 하는 안전성, 중도에 돈이 필요할 때 현금화 가능여부인 유동성이 골고루 갖추어져 있는 특성을 가지고 있음

채권의 발행	• 채권은 발행할 수 있는 기관과 회사가 법률로써 정해짐. • 일반적으로 정부공공기관과 특수 법인과 상법상의 주식회사만이 발행할 수 있음.
발행 자격	• 발행자격이 있더라도 정부는 국회의 동의를 받아야 함. • 회사가 공모할 경우에는 금융감독원에 등록한 후 유가증권 신고서를 미리 제출해야 하는 등의 절차를 거쳐야 함.
채권의 거래	• 채권은 어음, 차용증서와 달리 증권거래법이 정하는 바에 의하여 증권회사를 통하여 유권시장에 자유롭게 거래할 수 있음.

2) 채권의 특성

채권의 특성

- 채권은 만기일까지 보유하여 확정된 이자와 원금을 받을 수도 있고 만기일 전에 증권회사 등을 통해 언제든지 팔아 현금화할 수도 있음
- 당일결제방식으로 거래되기 때문에 주식3일 결제와는 달리 매도당일에 현금화가 가능
- 채권수익률변동에 따른 가격변동폭이 적은 단기채권과 발행자의 신용도가 높아 안정성이 보장된 채권의 경우에는 여타채권과 비교할 때 유동성이 높음

3.2 채권의 종류

1) 채권의 유형

국채	• 재정정책의 일환으로 발행하는 채권으로, 정부가 원리금 지급보증 예) 국채관리기금채권, 국민주택채권, 외국환평형기금채권 등
지방채	• 지방공공기관인 특별시, 도, 시, 군 등이 발행하는 채권 예) 지역개발채권, 도시철도채권, 상수도공채 등
특수채	• 특별한 법률에 의해서 설립된 기관이 특별법에 의하여 발행하는 채권 예) 토지개발채, 전력공사채, 부산교통채권 등
금융채	• 특별법에 의하여 설립된 금융기관이 발행하는 채권 예) 산업금융채, 중소기업금융채, 기타 은행채 및 카드채 등
회사채	• 회사법상의 주식회사가 발행하는 채권으로 지불 의무증서 예) 보증사채, 무보증사채, CB, ABS 등

2) 이표채, 할인채, 복리채

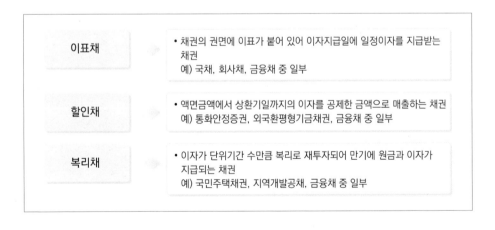

이표채	• 채권의 권면에 이표가 붙어 있어 이자지급일에 일정이자를 지급받는 채권 예) 국채, 회사채, 금융채 중 일부
할인채	• 액면금액에서 상환기일까지의 이자를 공제한 금액으로 매출하는 채권 예) 통화안정증권, 외국환평형기금채권, 금융채 중 일부
복리채	• 이자가 단위기간 수만큼 복리로 재투자되어 만기에 원금과 이자가 지급되는 채권 예) 국민주택채권, 지역개발공채, 금융채 중 일부

3) 보증채, 담보부채, 무보증채

보증채	• 정부 또는 금융기관이 원리금 지급을 보증하는 채권
담보부채	• 채권에 물상담보권이 붙어 있는 채권
무보증체	• 발행자의 신용도에 의해 발행되어 유통되는 채권

4) 상환채권

만기일시 상환채권	• 만기에 원금 전액을 일시에 상환하는 채권
액면분할 상환채권	• 일정 거치기간 경과 후 원금을 일정하게 분할하여 상환하는 채권

3.3 자산담보부채권

1) 채권과 자산유동화의 관계

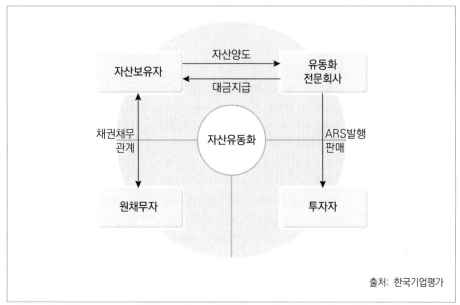

출처: 한국기업평가

자산유동화증권 발행 기본 구조

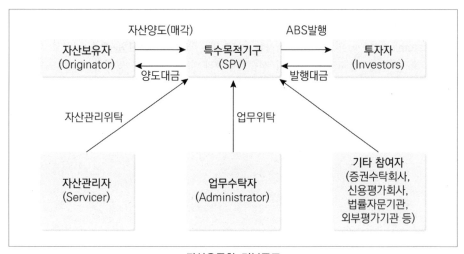

자산유동화 기본구조

자산보유자(Originator)는 특수목적기구(SPV)에 유동화대상 자산을 양도하고 SPV는 양도받은 자산을 담보로 ABS를 발행하여 투자자에게 매각 후 발행대금을 자산보유자에게 자산양도대금으로 지급하는 구조임. 그 밖에 유동화를 위한 자산관리자, 업무수탁자 및 기타 참여자들이 있다.

2) 자산담보부채권의 종류

자산 유동화 증권 (Asset Backed Security)	• 유동화의 대상이 되는 각종 채권 및 부동산·유가증권 등의 자산에서 발행하는 집합화된 현금흐름을 기초로 원리금을 상환하는 증서임. • 채권발행자의 자기신용이나 금융기관의 지급보증을 기초로 원리금의 지급이 이루어지는 전통적인 채권과는 다름. • 자산유동화 증권은 원리금의 지급이 유동화대상자산에서 발생되는 현금흐름을 기초로 하여 발생된다는 점이 특징임.
모기지 채권 (Mortgage)	• 자금대차관계에 있어서 차주(借主)의 채무변제를 담보하기 위하여 부동산에 설정하는 저당권을 의미함. • 미국시장에서는 금융기관이 건설회사 등에 대하여 보유하고 있는 저당권을 유가증권하기 위하여 발행·유통되는 증서로 통용됨. • 모기지는 부동산 담보대출 금융기관이 부동산 대출기간의 장기화에 따른 유동성 제약을 완화하고 동시에 신규자금 수요에 대처하기 위하여 저당권을 유가증권화하여 매각함으로써 이루어짐.
담보 부채권 (Collateralized Bond obilgation)	• 은행, 증권, 보험 및 투신사 등이 보유한 채권, 즉 고수익, 고위험 B~B)채권 등을 모아서 (pooling) 이를 유동화 전문회사(SPV)에 양도함. • 유동화 전문회사는 양도 받은 고수익, 고위험 채권을 담보로 하여 다양한 종류의 선순위채권과 후순위채권을 발행함. 이를 일반인들에게 판매함으로써 은행 등 기관투자가의 보유자산을 유동화시키는 것을 의미함.

3) 자산담보부채권의 비교

구 분	담보부사채	ABS	MBS	CBO
근거법	담보부 사채신탁법	자산유동화법	주택저당 채권유동화 회사법안	자산유동화법
대상자산	담보부 사채	예측 가능한 현금 흐름 보유한 모든 자산	주로주택 저당채권	주로회사채
발행자	자산보유자	SPC		
자산양도 여부	자산의 신탁	자산의 양도 또는 신탁		
자산관리자	투자자보호를 위한 담보권 대리실행	SPC 또는 신탁자산의 위탁 운용		
자산보유자 회계처리	자산에의 질권 설정으로 대차대조표에 계속 존재	자산의 실질적 양도로 대차대조표에서 제거		
신용평가 등급	자산보유자의 신용도와 담보물의 신용도가 혼합. 높은 신용도 획득불가	자산보유자의 고유등급보다 높은 신용등급의 획득이 가능, Non-Recourse 조건에 기인		
위험도	위험분산의 불가로 ABS보다 불리	위험의 분산이 가능하므로 안정적		
회계처리	B/S에 존재	자산이 양도됨에 따라 B/S에서 제거		
현금흐름 방식	Pay Through	Pass/Pay Through	Pass/Pay Through MBB, Pay Through Bond, CMO	Pay Through

출처: https://blog.ajucapital.co.kr
http://banker.kfb.or.kr/webzine/mobile/section.php?idx=66&PublishDate=201709&sub

4) 전환사채

- 일정한 조건에 의하여 발행회사의 주식으로 전환시킬 수 있는 권리가 부여된 사채
- 전환권 행사 이전에는 확정부 이자를 받을 수 있는 사채로서 존재
- 전환권 행사 시에는 사채권이 소멸되고, 발행회사의 영업실적에 따른 배당을 받을 수 있는 주식으로 전환

5) 전환사채의 장·단점

구 분	장 점	단 점
발행회사 측면	• 보통사채보다 저렴한 비용으로 자금조달 가능 • 유상증자보다 배당압력 적음 • 주식전환으로 인한 자본잉여금의 증가로 재무구조 개선효과가 큼 • 주식시장 침체 시에도 성장기업은 발행이 용이함 • 주식하락에 따른 영향이 유상증자에 비해 상대적으로 적음	• 전환권 행사시마다 증자 따른 업무상의 번거로움 • 보통주로 전환 시 경영권 위협
투자자 측면	• 안정성과 수익성 겸비 • 만기까지 미전환시 일정금리의 수익보장	• 신주인수권의 행사는 주가의 상승이 전제되어야 하므로 약세장에서는 메리트가 없음 • 신주인수권의 행사후에는 낮은 이율의 사채만 존재함

참고: https://platum.kr/archives/66730

6) 주식과 채권의 차이점

구 분	채 권	주 식
발행자	정부, 지자체, 특수법인, 주식회사	주식회사
자본조달형태	대부증권	출자증권
조달자금의 성격	타인자본(부채)	자기자본
증권의 존속기간	한시적	영구적
보수의 형태 및 성격	이자, 확정적	배당, 가변적
조달원금 만기 시 원금상환	상환의무	없음
증권소유자의 지위	채권자	주주
경영참가권	없음	있음

CHAPTER
02

프로젝트 파이낸싱
(Project Financing)

 01 글로벌 금융시장의 트랜드

1.1 글로벌 금융시장 왜 불안한가?

1) 저금리 기조

(1) 저금리 기조로 인한 자산가치 증가

저금리 → 자금조달비용 (Borrowing Cost)저하 → 유동성 증대 → 글로벌자산 (Assets)에 투자 → 자산가치 급등

(2) 새로운 투자상품 등장

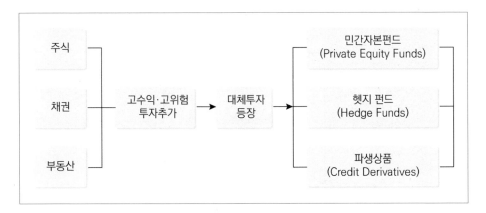

2) 금융시장 불안

(1) 높은 데버리지 활용으로 금융시장 불안 초래

(2) 금융 기관의 느슨한 금융운영

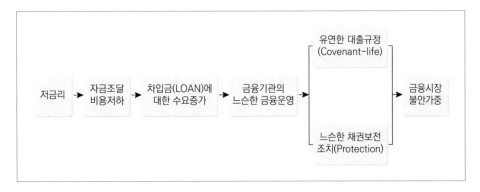

(3) 개인 파산과 신용등급하락으로 금융위기 발생

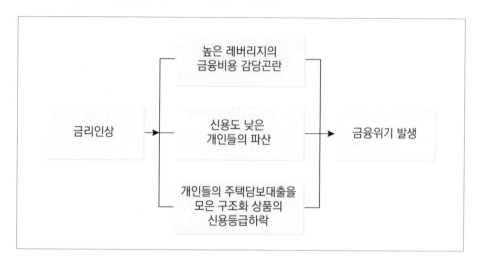

(4) 외환위기 이후 개발금융

프로젝트 파이낸싱의 등장	외환위기 이후 부동산 개발 사업에 본격적으로 프로젝트 금융이 등장
프로젝트 파이낸싱이란?	프로젝트에서 발생할 미래 현금흐름을 담보로 사업비를 대출하는 금융기법
SPC와 참여주체	• 하나의 프로젝트, 하나의 특수목적회사SPC(Special Purpose Company) • SPC의 모든 자산, 법적 권리 및 현금흐름을 담보조치: 실차주와 신용위험 절연 • 참여주체들의 전문성에 기초한 위험 헷지: 정부, 건설사(CI), 금융기관(FI) 및 각종 전략적 투자자(설계사, 호텔, 물 운영자, 자산투자자)
프로젝트 파이낸싱의 주요 특징	• 건설회사의 재무적 이점: 부외금융효과, 부채수용능력 증대 • 비소구 내지는 제한소구: 프로젝트의 사업성이 중요한 결정요인 • 금융기관의 선분양 성공에 대한 확신: SOC PF구조를 부동산개발에 적용

(5) 서구 개발금융의 관행

준공 전에는 건설자금, 준공 후 운영기간에는 장기대출(모기지)이용
- 준공 전에는 높은 위험: 상대적으로 높은 금리, 적은 대출금, 짧은 만기
- 토지비 정도는 충당할 수 있도록 자기자본(또는 투자금융)을 조달
- 한국도 SOC사업은 이 구조를 준용함: 사업비 조달위험을 사전 헷지

(6) 외국과 한국의 부동산개발금융 비교

- 시행사 자기자본은 토지계약금 수준: 주로 타인자본을 이용한 조달
- 토지비를 총사업비의 30%로 가정하면, 자기자본비율은 3~4%.

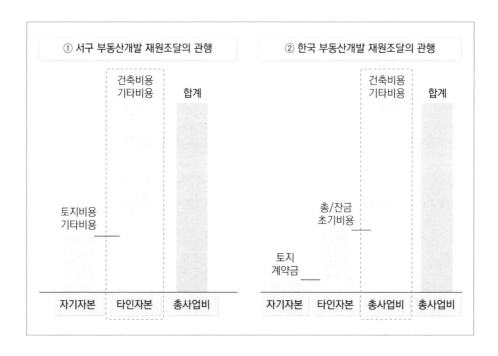

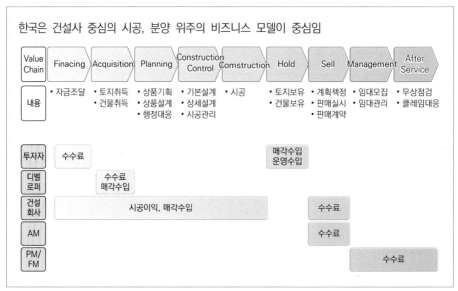

한국 건설/부동산업계의 비즈니스 모델

(7) 국내 부동산개발사업의 일반적 프로세스와 특징

국내 부동산 개발사업은 건설사 보증의 PF대출로 금융 비용이 높고, 이를 상쇄 시키기 위한 선매각·선분양 방식이 중심이었음

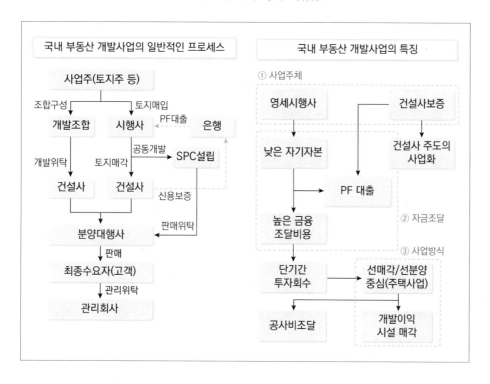

02 프로젝트 파이낸싱이란?

2.1 Project Financing 개념

1) PF의 역사

    ① 대상 프로젝트에서 발생하는 미래의 현금 흐름(cash flow)을 차입원리금
       의 주요 상환재원으로 함

    ② 프로젝트 자체의 자산 및 관련 이해관계자들의 유사보증(quasi-guarantee)
       등을 담보로 하여 소요자금을 전달하는 일체의 금융 방식

1980년대	• 1856년 수에즈 운하 개발 사업이 최초의 프로젝트 금융으로 알려지고 있으나 이전에도 이와 유사한 형태의 금융이 이루어져 왔음. • 13세기 유럽: 은광 개발에 관한 계약에 의거한 차입금에 대한 상환을 은으로 하게 하도록 함.
1930년대	• 본격적인 프로젝트 금융은 미국 텍사스 주를 중심으로 한 석유개발 사업과 관련하여 매장된 석유를 담보로 하고 예상석유 판매금을 상환 재원으로 한 금융자원에서 비롯됨.

2) PF의 개념

광의의 프로젝트 파이낸싱	• 건설기간 및 투자자본회수 기간이 장기화되고 사업의 성공가능성에 대한 불확실성이 높아진 대형 투자사업에 대한 장기적 금융을 조달하는 것을 포괄적으로 지칭함.
협의의 프로젝트 파이낸싱	• 대규모 위험사업에 대한 자금조달수법은 광의의 것과 동일함. • 사업주로부터 법적·경제적으로 독립된 프로젝트에 대해 프로젝트에 귀속된 자산과 계약상의 권리를 담보하고 프로젝트의 추진 과정에서 창출되는 미래 현금 흐름을 부채 상환의 기본 재원으로 자금을 조달하는 금융 기법임.

2.2 Project Financing의 특징

지원개발 프로젝트	• 석유, 가스, 석탄, 청광, 금, 아연, 구리, 우라늄 광개발 • 매장량 및 수송, 사회간접자본 시설의 구비여부
설치, 건설 프로젝트	• 가스관 송유관 설비, 터널, 고속도로 교량, 통신시설 • 공사완성 위험 및 완공 후 이용자 확보가 중요 포인트
플랜트 프로젝트	• 발전소, 정련공장, 정유공장, LND처리공장, 반도체 공장 • 원재료 및 생산제품의 처리공정이 중요 포인트
서비스산업	• 대형관광호텔, 디즈니랜드 등 대형 위락시설 개발
소유권이 제한되는 금융	• 차주가 부담할 대출원리금 상환 부담이 프로젝트의 자산가치와 예상 현금 수입의 범위 내로 한정하는 비소구 금융(Non recourse) • 차주 또는 사업주가 부담할 대출원리금 상환 부담의 한계가 프로젝트의 자산가치와 예상 현금수입, 그리고 일장한 범위의 추가 부담으로 제한하는 제한적 소구 금융(Limited Recourse)
프로젝트의 미래현금 흐름[수익]이 주된 담보	• 해당 프로젝트 설비 등 관련 자산과 프로젝트의 미래현금 흐름의 수입이 주요한 담보가 됨. • 프로젝트의 실패(또는 파산)로 현금흐름이 부족할 때에는 다른 채권 회수방법이 있음. • 현금 흐름 관리를 위해 프로젝트의 결제관리계좌(Escrow Account)를 개설하여 자금의 입출금을 투명하게 관리함으로써 채권금융기관을 대출금 상환재원을, 그리고 시공사 공사대금을 보호받게 되어 참여자들이 보호됨.
프로젝트 위험을 배분	• 프로젝트에서 발생이 예상되는 제반 위험에 대하여 프로젝트 회사와 이해 당사자 간의 합의 및 계약에 의해 적절하게 위험을 배분함
사업함여자 간의 위험부담	• 프로젝트 금융은 프로젝트의 이해 관계자들 간의 적절한 위험 부담에 대한 합의를 토대로 이루어짐.
대차대조표와 금융	• 프로젝트 금융에 있어서 실질적인 차주는 프로젝트를 추진하는 사업주 이지만, 프로젝트 회사(사업시행자, Project Company 또는 SPC: Special Purpose Company)라는 형식적인 차주 회사를 설립하여 법률상으로는 프로젝트 회사가 차입의 주체가 됨. • 프로젝트 회사의 차입금은 프로젝트 사업주와 분리되어 사업주의 대차대조표에 부외채무로 표시되거나 또는 표시되지 않아 대차대조표 외 금융(Off-Balance Sheet Financing)이 가능하게 됨.

대주단의 구성	• 시설이 대부분 대규모이고, 프로젝트의 건설 및 운영에 소요되는 자금 또한 대규모로 프로젝트에 내제한 위험이 큼. • 금융기관을 중심으로 복수의 자금공여자들이 대주단을 구성하여 대출함
복잡한 파이낸싱 절차 및 높은 금융 비율	• 채권금융기관등은 금융구조를 짜고 대주단을 구성하는 등 설계 자금이 투자될 때까지 상당한 시간과 비용이 수반됨. • 일반적인 대출에 비하여 추진 절차가 복잡하고, 다양한 계약으로 인한 방대한 양의 계약서를 수반함. • 발생 가능한 위험의 부담이 크므로 상대적으로 까다로운 검증과 높은 차입이자율 및 수수료 등 기업금융 방식에 비하여 일반적으로 높은 금융비용을 수반함
프로젝트 이해관계자로부터의 직 · 간접 보증 필요	• 대주단은 프로젝트의 위험을 분산 또는 감소시키고 대출 원리금의 상환을 확실히 하기 위하여 프로젝트 사업주, 원료 공급자, 프로젝트 생간물의 구매자, 관련 공공기관 등 프로젝트 이해관계자로부터 직간접의 보증 및 보장 등을 요구하게 됨.

1) 프로젝트 파이낸싱과 기업금융 비교

구 분	프로젝트 파이낸싱	기업금융
차주	• 특수목적회사(SPV)	• 사업주 자산
사업성분석 대상	• 예상현금흐름/프로젝트자산	• 사업주의 과거 및 미래의 통합 재무제표
현금흐름/자산	• 분리	• 통합
사업주에 대한 소구권	• 비소구 또는 제한적 소구	• 완전소구
담보	• 프로젝트 자산, 주요계약, 자금 관리계정	• 차주 신용도, 물적담보 또는 보증
회계처리	• 사업주의 재무제표와 분리	• 사업주의 재무제표에 반영
현금흐름 재량권	• 약정에 의한 통제	• 차주가 재량권 보유
부채 비율	• 높음	• 상대적 낮음
대주의 통제	• 엄격함	• 상대적 엄격하지 않음
구조(Structuring)	• 장기적, 높은 비용, 복잡함	• 단기적, 낮은 비용, 단순함

구 분	프로젝트 파이낸싱	기업금융
위험배분	• 참여자에게 배분 • 프로젝트 자체에 위험부담	• 시행사의 포트폴리오에 분산 • 보험 및 기타방법으로 분산
비용	• 고가의 계약, 거래비용	• 신속 융자
관련기관(agency)	• 비교적 저렴한 비용	• 투자자가 현금흐름에서 지불
경영인센티브	• 프로젝트 실적에 따라 경영 인센티브 가능	• 프로젝트별 경영인센티브 곤란
조직	• 특별목적회사측은 유한회사	• 보편적인 회사
파산	• 시행사의 파산과 절연 • 원금회복이 어려움	• 기업중의 전체재산으로 복구가능

2) 일반대출과 프로젝트 금융의 비교

구분	일반대출	프로젝트 금융
구조	몇 가지 상품형태로 정형화됨	프로젝트 및 현금흐름에 맞춘 금융
취급분야	일반사업부문	부동산, SOC, 선박, 항공기, M&A
차주	기존에 존속하던 법인	특정 사업만 위한 특수목적법인(SPC)
담보	해당 기업의 신용도 및 담보	프로젝트의 지산/권리/현금흐름
한도	신용도 및 담보 감안, 제한적 조달	프로젝트의 필요자금 이내(제한 없음)
지급관리	해당 기업이 단독 관리	대리은행에서 Escrow Account 관리
소구권	기업이 직접 차주, 무한소구권 행사	비소구 또는 제한적 소구권 행사
금융비용	해당 기업의 신용과 담보로 결정	일반대출보다 높은 편
대출심사	해당 기업의 신용 및 담보	프로젝트의 사업성 기초 + 신용보강
위협관리	기업의 재무상태 의존적, 헷지 못함	여러 주체들의 참여, 다양한 계약

2.3 프로젝트 파이낸싱의 구조, 참여자 및 특징

1) 프로젝트 파이낸싱의 구조와 참여자

(1) 개발단계별 PF 자금조달

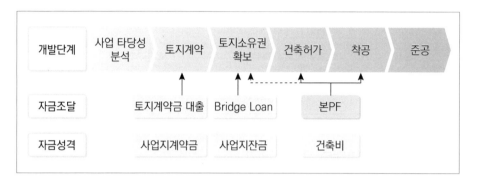

프로젝트 파이낸싱은 사업주, 건설사, 운영자, 금융제공자 등으로 구성

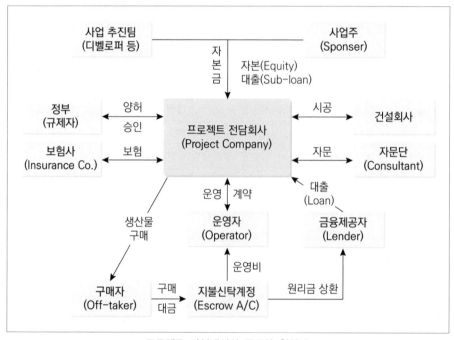

프로젝트 파이낸싱의 구조와 참여자

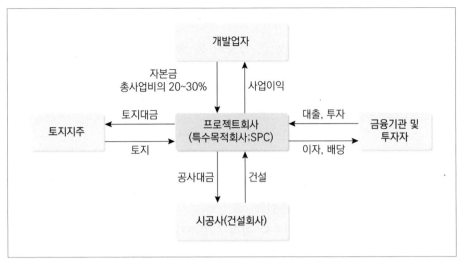

SPC 중심의프로젝트 파이낸싱의 구조와 참여자

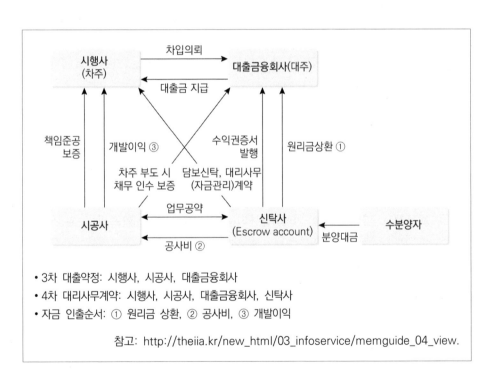

- 3차 대출약정: 시행사, 시공사, 대출금융회사
- 4차 대리사무계약: 시행사, 시공사, 대출금융회사, 신탁사
- 자금 인출순서: ① 원리금 상환, ② 공사비, ③ 개발이익

참고: http://theiia.kr/new_html/03_infoservice/memguide_04_view.

(1) 사업 추진팀(디벨로퍼 등)

- 프로젝트의 기획, 개발업무, 금융 등을 총괄적으로 계획하여 추진
- 프로젝트 회사와 금융제공자와 긴밀한 협의를 통해 프로젝트의 시작부터 완료시까지 역할을 담당

(2) 사업주

- 사업주는 사업추진팀과 함께 프로젝트의 타당성, 금융 등을 검토하여 프로젝트 추진여부를 결정하는 당사자
- 사업주는 1개 회사인 경우와 여러 사업주가 합쳐진 컨소시엄 형태도 있음
- 프로젝트 파이넨싱의 사업에는 컨소시엄형태의 사업주가 대부분임

(3) 금융제공자

- 금융제공자는 프로젝트에 소요되는 자금을 제공하는 가관으로 은행, 신탁회사, 보험회사 등이 있음
- 프로젝트 파이넨싱에는 추가 위험이 상존하므로 여러개 금융기관이 신디케이션을 만들어 참여

(4) 구매자

- 프로젝트 파이넨싱에 의해 생산되는 전력, 유연탄, 인프라 등의 생산물과 서비스를 구매하는 당사자를 의미

(5) 프로젝트의 전담회사

- 프로젝트를 수행하기 위해 사업주체(모기업)와는 별도로 설립된 회사
- 사업주체와는 분리된 회사이므로 프로젝트를 위한 자산관리를 담당

2) 프로젝트 파이낸싱의 주제별 장·단점

(1) 금융제공자(Lender)의 입장

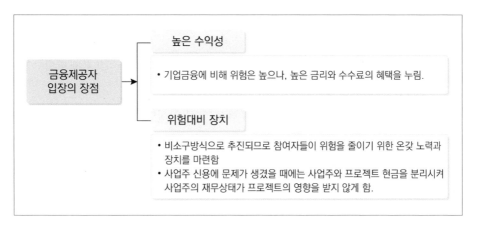

(2) 사업주(Sponsor) 입장

2.4 프로젝트 파이낸싱의 절차

① 프로젝트에 대한 니즈를 파악하여 과연 프로젝트가 실행가능성이 있는
지 초기단계에서 검토. 프로젝트의 주변 여건 및 환경, 관련제도, 투자
자, 금융 제공자 등에 대해서 살펴봄
② 프로젝트를 개략적으로 구상하는 단계이다. 여기서는 프로젝트의 개략
적인 밑그림을 그리는 단계(구상단계)
③ 예비타당성검토는 과연 이 프로젝트가 수익성이 있는가에 대한 분석을
하는 단계
④ 프로젝트 계획에는 프로젝트의 마스터 플랜(토지이용계획, 건축계획, 동선계
획 등)과 사업계획(수요·상관분석, 테넌트, 현금흐름, 수익성 등)이 포함
⑤ 문서는 사업설명서와 사업취지서 등 사업의 양해각서(MOU) 등으로 구성
⑥ 금융조달 단계에서는 자금조달협의, 조건협의, 계약내용, 자금조달 작성
등의 과정을 거치게 됨
⑦ 인수단이 구성되면 대출승인 → 대출계약 → 자금인출과정을 거쳐 프로
젝트가 시작됨

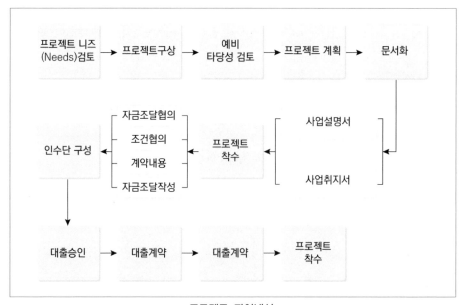

프로젝트 파이넨싱

2.5 자금조달기법

① 프로젝트 파이낸싱에서는 프로젝트 시행과정에서 일어날 수 있는 위험을 사업주, 채권자 등에게 어떻게 분산시키느냐가 가장 핵심적인 사항
② 자기자본과 타인자본 이율 이라든가 대출, 후 순위 차입 등 사채의 몫을 어느 정도 할당해야 하는가도 중요한 결정 사항
③ 일반적으로 자금조달기법에는 다음과 같은 방식이 있음

프로젝트의 자금조달 방식

2.6 프로젝트 파이낸싱의 자금조달원칙

프로젝트 파이낸싱에서 이용되고 자금조달원칙은 자본자유치, 후순위 채무, 선순위 채무의 3가지로 구분

1) 지분투자유치

① 지분투자자는 투자회수의 우선순위에서 가장 낮은 순위의 위험자본(risk)으로 볼 수 있지만 프로젝트의 수익이 높을 경우 상당한 배당을 받을 수 있음
② 주식회사의 지분투자는 보증주 혹은 우선주 형태로 참여
③ 자본 투자에 참여하는 금융 제공자(lender)는 프로젝트의 현금흐름에서

부채가 상환되는 기대 속에서 대출하게 됨

④ 일반적으로 대출 비율이 높을수록 현금흐름의 상환부담이 높아져 위험 도에 노출될 수 있음

⑤ 또한 금융제공자는 제3자의 보증이 전제된다면 높은 부채비용도 안고 대출하게 되므로 우리나라에서 대주단이 대형건설사의 제3자 보증을 중 요시 여김

2) 후순위 채무

(1) 후순위 채무의 포지셔닝과 장점

① 후순위 채무는 지분과 선순위 채무 사이에 끼어 있는 자금 조달 방식
② 이를 고정금리(변동이자도 가능)의 장기 무담보 채권이라고 부름

후순위 채무의 포지셔닝

③ 후순위 채무에 대한 금융제공자들은 투자금융사(Investment Banking), 위 험자본투자회사, 보험사 등 금융사의 위험관련 또 포트폴리오 기획·운 영 담당자들이 되며, 후순위 채무는 여러 가지 장점을 지니기도 함.

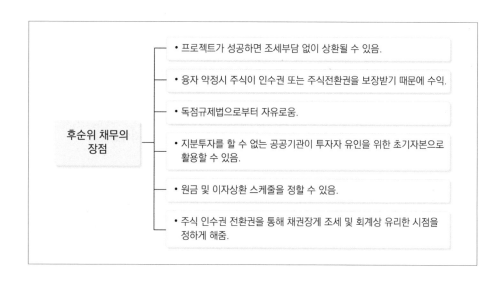

(2) 후순위 채무에서 자본참여권의 유형

① 신용등급이 높지 않은 프로젝트의 대주들은 후순위 채무에 높은 이자를 지불하게 되며 이에 대한 일종의 보상으로 자본 참여권과 같은 인센티브를 선택할 수 있음.

② 인센티브에는 전환사채, 주식 인수권부채무, 최초 발행주식 인수 옵션, 추가이자 등이 있음.

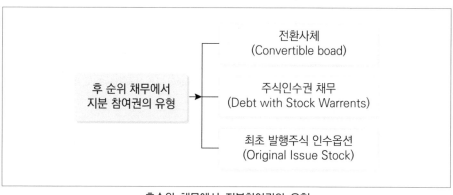

후순위 채무에서 지불참여권의 유형

① 전환사체

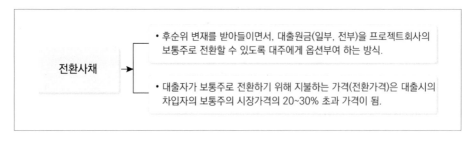

② 주식 인수권 채무

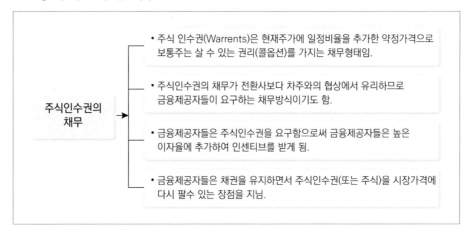

③ 최초 발행주식 인수 옵션

3) 선순위 채무

① 프로젝트 파이낸싱에서 대부분의 금융권 차입금은 선순위 채무이며, 대주의 채권보호를 위해 선순위 채권에는 담보와 무담보 채권으로 구분해 볼 수 있음.

② 선순위 채무의 특징은 다음과 같다.

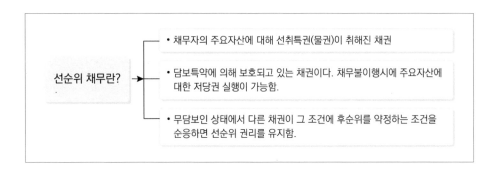

선순위 채무란?
- 채무자의 주요자산에 대해 선취특권(물권)이 취해진 채권
- 담보특약에 의해 보호되고 있는 채권이다. 채무불이행시에 주요자산에 대한 저당권 실행이 가능함.
- 무담보인 상태에서 다른 채권이 그 조건에 후순위를 약정하는 조건을 순응하면 선순위 권리를 유지함.

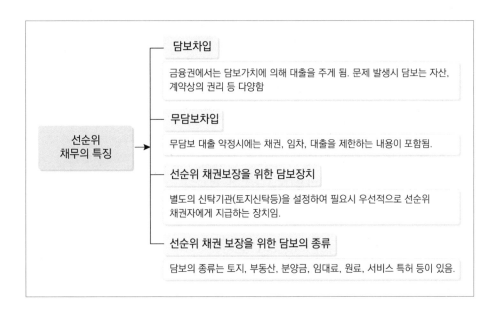

선순위 채무의 특징

담보차입
금융권에서는 담보가치에 의해 대출을 주게 됨. 문제 발생시 담보는 자산, 계약상의 권리 등 다양함

무담보차입
무담보 대출 약정시에는 채권, 임차, 대출을 제한하는 내용이 포함됨.

선순위 채권보장을 위한 담보장치
별도의 신탁기관(토지신탁등)을 설정하여 필요시 우선적으로 선순위 채권자에게 지급하는 장치임.

선순위 채권 보장을 위한 담보의 종류
담보의 종류는 토지, 부동산, 분양금, 임대료, 원료, 서비스 특허 등이 있음.

부동산 개발금융

01 프로젝트 파이낸싱(Project Financing)

1.1 일반적인 기업금융(일반대출)과의 차이점

① 부동산개발사업의 프로젝트로부터 발생하는 장래현금흐름(수익성)을 기초로 금융기관으로부터 자금(부채금융)을 조달.

② 원칙적으로 물적 담보나 개발업자의 신용에 의존하지 않음.

③ 차입금에 대한 상환재원은 프로젝트사업에서 발생하는 현금흐름을 기초로 함.

④ 차주(사업주)입장에서는 다양하고 복잡한 업무로 인하여 전통적인 기업금융보다 높은 금융비용(대출금리)과 별도의 수수료부담이 있음.

1.2 프로젝트 파이낸싱의 구조 및 특징

① 대규모 개발사업의 추진을 위하여 개별개발업체들이 별도의 특수법인(SPC–프로젝트회사)을 설립하고 프로젝트회사가 개발자금을 차입.

② 당사자간 위험분산(배분)을 위하여 주로 사업주는 컨소시엄(연합법인)을 구

성하고, 대출기관(대주단)은 신디케이트로(공동대출)형태로 사업을 추진.
③ 사업주는 프로젝트회사(명목회사)를 통하여 법인세절감효과를 누릴 수 있음.
④ 개별사업주는 (장)부외금융효과를 기대할 수 있다. 즉, 채무수용능력이 제고.
⑤ 비소구(이론적)·제한소구금융(실무적)
⑥ 프로젝트 도산시에 대출기관은 개별사업주에게 상환청구할 수 없음.
⑦ 프로젝트회사(SPC)가 보유한 자산과 현금흐름의 범위 내에서는 상환청구가 가능. 자금관리와 원리금상환확보를 위하여 독립적인 결제관리계좌(에스크로우)설정
⑧ 금융기관은 프로젝트사업의 위험에 대비하여 실무적으로 직·간접의 보증을 요구.
　-책임시공 요구, 개발사업 부도 시 부채인수(사전에 약정)
　-개발사업토지에 대한 권리확보(담보신탁)
　-대출금 선상환, 공사비 장산 후 개발이익은 후지급
　-시행사와 시공사에 대한 추가적인 출자 요구

1.3 프로젝트금융에 참여하는 금융기관

1) 금융지원단

① 금융지원단은 프로젝트의 성공적인 수행 시 높은 이자수익을 획득할 수 있음.
② 금융지원단은 프로젝트의 성공적인 수행을 위하여 프로젝트회사가 '단일사업'에 치중(한정)할 것을 요구할 수 있음.
③ 금융기관은 당해 프로젝트사업에만 치중하므로 차주와 대주간에 발생하는 정보의 비대칭문제의 해소가능.

2) PF ABS 발행을 통한 대출기관의 유동성위험 감소가능

① 프로젝트 파이낸싱 대출채권을 기초로 금융기관이 PF ABS(자산유동화증권)와 PF ABCP(자산담보부기업어음)를 발행한 사례가 있음(부동산개발관련 대출채권의 유동화사례).

- PF ABCP는 만기가 돌아온 PF ABS를 상환(차환)하기 위하여 주로 발행.
- PF ABCP(「상법」)보다 PF ABS(「자산유동화에 관한 법률」, SPC)의 발행절차가 복잡.
- PF ABCP(만기 3~6개월)에 비하여 PF ABS(만기 3년)는 장기로 자금의 조달가능.

② 부동산개발관련 대출채권을 유동화시키면 개발업자나 공급자에게 더 많은 자금이 공급될 수 있음.

1.4 부동산시장에 미치는 효과

① 프로젝트금융의 활성화는 주택 등 부동산공급을 증가시키는 요인이 됨.
② 개발업자 입장에서는 자금조달능력과 신용은 취약하지만, 기술·시공능력이 우수하고 프로젝트의 높은 수익성이 예상되면 자금의 조달가능성 높아짐
③ 주택건설사업의 경우, 선분양제도에서 후분양제도로 정착해 갈수록 자금조달능력(신용)이 취약한 기업에 있어서는 필요한 자금조달기법으로 대두될 가능성이 큼.

1.5 조인트벤처(joint venture)방식의 프로젝트금융투자회사

1) 조인트 벤처(joint venture)

부동산개발 프로젝트사업에 금융기관이나 재무적 투자자가 지분으로 참여하는 형태의 조직을 조인트벤처(joint venture)라고 한다(일종의 지분금융).

2) 프로젝트금융투자회사(PFV; Project Financing Vehicle)

부동산개발사업, 사회간접자본시설, 주택건설 등 특정사업을 통상 한시적으로 운영하여 그 수익을 주주에게 배분하는 주식회사(명목회사, SPC)를 의미.
① 금융기관이 5% 이상 출자하고, 자본금이 50억원 이상.
② 자산관리업무를 출자법인 등 자산관리회사(AMC)에 위탁.
③ 자금관리업무를 신탁업을 영위하는 금융기관에 위탁.

02 주택 저당 유동화제도

개별금융기관이 보유한 장기주택저당(대출)채권을 집합화(Pooling, 패키지)하여 한국주택금융공사에 매각하고, 한국주택금융공사가 이를 기초(담보)로 주택저당증권(MBS)을 발행(투자자에게 매각)하여 자금을 조달한다. 금융기관(은행 등)에 자금을 공급하고, 금융기관이 주택의 수요자(차입자)에게 차입기회를 확대하는 제도이다(모기지론 공급으로 주택 경기조절수단으로 활용됨).

2.1 주택 저당 유동화시장의 구조

1차 저당시장	• 저당권설정시장·주택금융시장·주택자금대출시장: 주택자금의 차입자와 1차 대출기관 간의 시장이다. • 대출기관은 설정된 주택저당(대출)채권을 자산 포트폴리오의 일부로 보유하거나(매기 원리금을 상환받거나), 주택자금 필요시 2차 저당시장에 매각하여 자금을 조달한다. • 저당대출의 유동화가 원활하게 수행되기 위해서는 1차 저당시장의 대출금리가 2차 저당시장의 금리보다 높아야 한다.
2차 저당시장	• 유동화시장·주택자금공급시장: 주택저당(대출)채권 집합물을 사고파는 금융기관과 기관투자자 간의 시장이다(1차 대출기관 − 2차 대출기관 − MBS투자자). • MBS의 발행기관: 2차 대출기관, SPC(유동화전문회사) 한국주택금융공사가 유동화중개기관의 역할 수행, MBS발행 • 1차 저당시장의 하입자와 2차 저당시장과는 아무런 관련이 없다. − 차입자의 개별적 채무불이행 등이 MBS투자수익률에 근본적으로 영향을 주지 않는다. − 주택저당증권(MBS)은 자산유동화증권(ABS)의 일종으로, 자산(대출채권)의 신용도만 높게 평가되면 이를 발행하여 자금을 조달할 수 있다. • 주택시장에 더 많은 자금이 공급되기 위해서는 2차 저당시장이 필요하다. 즉, 저당의 유동화는 필연적으로 요구되는 사항이다.

2.2 주택 저당 증권(MBS)의 발행효과

주택의 수요자 (차입자)	• 차입기회가 확대되어 소자본으로 주택구입이 용이하다. • 주택수요의 증가로 주택가격 상승요인으로 작용한다.
금융기관 (1차 대출기관)	• 주택저당(대출)채권의 매각으로 현금유입·자금조달이 용이하다. • 유동성위험이 감소되는 효과(유동성 증가)가 있다. • 한정된 재원[주택저당(대출)채권 집합물]으로 더 많은 차입자에게 주택자금공급이 가능하다. • 자기자본비율(BIS) 상승, 재무건전성 개선의 효과가 있다.

한국주택 금융공사 (2차 대출기관)	• 한국주택금융공사는 MBS 관련 다음의 업무 등을 수행한다. • MBS 발행·보관, MBS 지급보증 • 장기모기지론·내집 마련 디딤돌대출의 공급 • 주택신용보증업무(개인 및 사업자) • 주택연금보증업무
기관투자자	• 주식이나 단기채권 이외에 장기투자수단으로 활용함으로써 분산투자 효과를 기대할 수 있고, 안정적인 투자가 가능하다(지급보증). • 저당수익률이 투자자의 요구수익률을 만족시켜야 한다. • 기관투자자가 MBS 매입대금을 증가시키면 주택금융시장에 많은 자금 이 공급될 수 있다. • 자본시장(장기채권시장)발전에 기여한다. • MBS는 만기 5년 이상의 장기채권이다.
정부(정책)	• 정부는 일반경기나 주택경기 침체 시 MBS제도를 경기조절수단으로 활용한다. • 주식시장 등 다른 자본시장 침체시에 자금흐름이 왜곡되는 것을 방지 할 수 있는 제도적 장치로서 유용하다.

2.3 주택저당증권(MBS)의 종류 및 CMO의 특징

1) 주택저당증권(MBS)의 종류

구분	원리금수취권 (조기상환위험)	집합물소유권 = 저당권 (채무불이행위협)	콜방어 형태
MPTS(지분형) 저당대출지분이전증권	투자자	투자자	불가
MBB(채권형) 정당대출담보부채권	발행기관	발행기관	가능
MPTB(혼합형) 저당대출원리금이체채권	투자자	발행기관	불가
CMO(혼합형) 다계층채권	투자자	발행기관	가능(부분)

2) CMO(다계층채권)-혼합형

위험의 분산과 다양한 투자욕구를 충족시키기 위해서 하나의 집합에서 채권이 만기와 이자율을 다양화한 여러 가지 종류의 채권 발행

① 각 계층(트렌치)에 적용되는 이자율과 채권의 만기가 동일할 필요는 없다(고정이자율 또는 유동이자율).

② 첫 번째 트렌치에 해당하는 투자자는 콜방어를 할 수 없다. 즉, 첫 번째 트렌치는 채무자의 원금과 이자가 수취되는 구조로서 MPTS와 그 성격이 유사

③ 첫 번째 트렌치가 아닌 나머지 트렌치는 MBB와 그 성격이 유사하다.
  - 선순위가 아닌 나머지 후순위 트렌치는 채권의 보유기간동안 이자만 취득
  - 장기투자자(후순위 트렌치)들이 원하는 콜방어 실현

④ CMO는 MPTS와 MBB의 두 가지 특징을 가지고 있음.

⑤ 마지막(후순위) 트렌치에게 더 높은 이자율이 지급
  - 선순위 증권(AAA)의 신용등급은 후순위 증권의 신용등급(AA)보다 높음
  - 신용등급이 낮은 채권에 더 높은 이자율이 지급(투자자에게 위험이 크므로)

2.4 주택저장증권(MBS)의 특성

① 저당대출의 만기와 대응하므로 통상 장기로 발행된다. 저당대출의 만기보다 짧은 만기를 가진, 혹은 긴 만기를 가진 주택저당증권(MBS)도 발행
② 매월 원리금상환액에 기초하여 발행증권에 대해 고정적인 수익이 투자자에게 제공

③ 차입자의 조기상환(prepayment)에 의하여 수익이 변동되는 주택 저당 증권(MBS)도 있음.

④ 대상자산인 주택 저당 제출 형식 등에 따라 다양한 상품을 구성하여 발행

⑤ 자산이 주택저당(대출)채권 집합물로 담보되어 있고 별도의 신용보완이 이루어지므로 높은 신용등급의 채권이 발행

「자산유동화에 관한 법률」에 의하여 SPC(유동전문회사)가 유동화증권(MBS나 ABS)을 발행한다.

1. **자산유동화증권(ABS)**: 현금흐름이 예상되는 자산(Asset)을 기초로 유가증권을 발행하여 자금을 조달하는 것으로서 채권, 기업어음, 수익증권형태로 발행할 수 있다.

2. **유동화증권의 명칭**: 유동화대상이 되는 기초자산에 따라 유동화증권의 명칭에도 차이가 있다.
   - CMO: 주택저당(대출)채권(Mortgage)을 기초로 재가공하여 발행되는 것
   - CMBS(Commercial Mortgage Backed Securities): 상업용 모기지(Mortgage)를 기초로 발행되는 것
   - CLO: 다수의 일반대출채권(Loan)을 기초로 재가공하여 발행되는 것
   - CBO: 다수의 기업채권(Bond)을 기초로 재가공하여 발행되는 것
   - CDO: 다수의 담보채권(Debt)을 기초로 재가공하여 발행되는 것

03 부동산투자회사(REITs) – 「부동산투자회사법」, 「상법」

- 부동산투자회사는 주식을 발행하여 불특정 다수로부터 자금을 조달하고, 이를 부동산에 투자(부동산, 부동산증권 부동산권리 등)하여 그 수익을 주주(투자자)에게 금전배당 및 현물배당한다.
- 부동산투자회사의 주식은 부동산을 지분 증권화한 대표적인 형태이다.
- 발행주식에 투자하면 투자회사의 배당 및 주가의 시세차익을 향유할 수 있다(투자원금의 손실이 발생할 수도 있다).

3.1 부동산투자회사의 발기 설립 및 운용 – 국토교통부장관의 인가 및

■ 인가취소 · 등록 허용

구분	자기관리 부동산투자회사	위탁관리 부동산투자회사 및 기업구조조정 부동산투자회사
유형	실체회사	명목회사(서류상 회사)
자산운용	• 직접 수행 • 자산운용전문인력(5인) • 준법감시인	• '자산관리회사'에 위탁 • 주식발행 및 일반사무는 '일반사무 수탁회사'에 위탁
설립자본금	5억원 이상	3억원 이상
최저자본금	70억원 이상	50억원 이상
존속기간	영속적	한시적(5~7년)

1) 자기관리 부동산투자회사의 설립 보고

① 자기관리 부동산투자회사는 그 설립등기일로부터 10일 이내에 대통령령이 정하는 바에 따라 설립보고서를 작성하여 국토교통부장관에게 제출하여야 한다.

② 국토교통부장관은 설립보고서나 현황보고서의 내용을 검토한 결과 자기관리 부동산투자회사의 운영 등이 법령에 위반되거나 투자자 보호에 지

장을 초래할 우려가 있는 등 공익상 필요하다고 인정되면 그 시정이나 보완을 명할 수 있다.

③ 자기관리 부동산투자회사는 설립등기일로부터 6개월 이내에 국토교통부 장관에게 인가를 신청하거나 등록하여야 한다.

④ 국토교통부장관은 영업인가를 하는 경우 경영의 건전성 확보와 투자자 보호에 필요한 조건을 붙일 수 있다.

2) 자기관리 부동산투자회사의 주요출자자 적격성 심사

① 국토교통부장관은 자기관리 부동산투자회사가 최저자본금을 준비하였음을 확인한 때에는 지체없이 주요출자자의 적격성을 심사하여야 한다.

② 국토교통부장관은 적격성을 심사하기 위하여 주요출자자에게 30일 이내의 기간을 정하여 관련자료의 제출을 요구할 수 있다. 이 경우 자료의 제출을 요구받은 자는 정당한 사유가 없으면 이에 따라야 한다.

3) 자기관리 부동산투자회사의 공모

① 부동산투자회사는 영업인가를 받거나 등록을 하기 전까지는 발행하는 주식을 일반인의 청약에 제공할 수 없다.

② 부동산투자회사는 영업인가를 받거나 등록을 한 날부터 2년 이내에는 주식 총수의 100분의 30을 일반인의 청약에 제공하여야 한다. 기업구조조정 부동산투자회사는 공모의무를 적용받지 않는다.

4) 주식의 분산

① 주주 1인과 그 특별관계자는 최저자본금 준비기간이 끝난 후에는 그 비율을 초과하여 주식을 소유하지 못한다.

자기관리 부동산투자회사	발행주식 총수의 100분의 30
위탁관리 부동산투자회사	발행주식 총수의 100분의 40

② 국토교통부장관은 동일인이 1인당 주식소유한도를 초과하여 주식을 소유하는 경우에는 6개월 이내의 기간을 정하여 1인당 주식소유한도를 초과하는 주식을 처분할 것을 명할 수 있다.

5) 위탁관리 부동산투자회사의 법인이사 및 감독이사의 선임

위탁관리 부동산투자회사는 해당 위탁관리 부동산투자회사의 자산의 투자·운용업무를 위탁하는 자산관리회사인 법인이사와 감독이사를 정관으로 정하는 바에 따라 둘 수 있다.

① 현물출자: 부동산투자회사는 영업인가를 받거나 등록을 하고 최저자본금 이상을 갖추기 전에는 현물출자를 받는 방식으로 신주를 발행할 수 없다.

② 외부차입·회사채 발행 가능: 영업인가를 받거나 등록한 후 가능하다. 주주총회의 특별결의를 한 경우에는 그 합계가 자기자본의 10배를 넘지 아니하는 범위에서 자금차입 및 사채 발행을 할 수 있다.

③ 자산의 투자·운용방법 ⇨ 우리나라의 경우 부동산대출사업 불가

6) 지상권·임차권 등 부동산사용에 관한 권리의 취득·관리·처분

신탁이 종료된 때에 신탁재산 전부가 수익자에게 귀속되는 부동산신탁수익권의 취득·관리·처분

부동산투자회사의 (외부)자산보관기관
- 신탁업자
- 한국토지주택공사
- 한국자산관리공사
- 주택도시보증공사

---

7) 부동산의 처분제한

부동산을 취득한 후 5년의 범위 내에서 부동산을 처분하여서는 아니 된다.
① 예외: 부동산개발사업으로 조성하거나 설치한 토지·건축물을 분양하는 경우, 투자자 보호를 위하여 사유가 있는 경우에는 그러지 아니하다.
② 부동산투자회사는 건축물이나 그 밖의 공작물이 없는 토지는 해당 토지에 부동산개발사업을 시행한 후가 아니면 그 토지를 처분하여서는 아니된다. 다만, 부동산투자회사의 합병·해산 등 투자자 보호를 위하여 대통령령이 정하는 경우에는 그러하지 아니하다.
③ 부동산투자회사는 부동산을 취득하거나 처분할 때에는 해당 부동산의 현황, 거래가격 등이 포함된 실사보고서를 작성하여 국토교통부장관에게 미리 제출하고 이를 본점에 갖추어 두어야 한다.

8) 이익배당

배당한도의 100분의 90 이상 금전배당 및 현물배당
① 상장된 부동산투자회사가 부동산을 매각하여 그 이익을 배당할 때에는 해당 사업연도 10일 전까지 이사회의 결의로 배당여부 및 배당 예정금액을 결정하여야 한다.
② 결정된 배당은 주주총회의 결의를 거쳐 실시한다.
※ 위탁관리 및 기업구조조정 부동산투자회사는 배당 의무가 적용되지 않는다.

9) 부동산투자회사 간에만 합병 가능

① 합병에 반대하는 주주는 주식매수청구권을 행사할 수 있다.
② 부동산투자회사에 대한 주주의 주식매수청구권 행사요건 완화: 매수자금이 부족하여 매수에 응할 수 없는 등의 경우에는 국토교통부장관의 승인을 받아 주식매수를 연기할 수 있다.

10) 내부통제기준

준법 감시인 제도 ⇨ 자산운용규정 준수, 투자자 보호
① 자기관리 부동산투자회사 및 자산관리회사는 법령을 준수하고 자산운용
을 건전하게 하며 주주를 보호하기 위하여 임직원이 따라야 할 기본적
인 절차와 기준(내부통제기준)을 제정·시행하여야 한다.
② 자기관리 부동산투자회사 및 자산관리회사는 내부통제기준의 준수 여부
를 점검하고 내부통제기준을 위반할 경우 이를 조사하여 감사에게 보고
하는 준법감시인을 상근으로 두어야 한다.

11) 사업자단체(협회)의 설립

자기관리 부동산투자회사·자산관리회사 또는 부동산투자자문회사의 사업
자단체를 설립함으로써 부동산에 대한 건전한 투자를 도모하기 위한 홍보 및 제
도 발전에 기여할 것으로 기대된다.

3.2 기업구조조정(CR) 부동산투자회사

1) 목적

부실화된 기업의 구조조정을 촉진(정상화 목적)하기 위하여 도입되었다.

2) 형태

명목회사이며, 일반적으로 존속기간은 한시적(5~7년)이다.
- 자산의 운용·관리를 자산관리회사에 위탁한다.
- 국토교통부장관은 기업구조조정 부동산투자회사의 영업인가나 등록을
하려는 경우에는 미리 금융위원회의 의견을 들어야 한다.
- 법인세 면제특례가 있다.

- 공모의무비율·주식분산기준(1인당 소유한도)을 적용받지 않는다.
  - 주식상자의무·배당의무가 없다.

3.3 환매 여부에 따른 분류

1) 개방형

투자자의 환매요구를 수용하는 형식으로, 경기불황시 자금 이탈로 쇠퇴하였다.

2) 폐쇄형

환매가 불가능하나, 단 환금성보장을 위하여 증권시장에 상장의무가 있다. (매매가능, 환금성에 문제가 되지 않는다.)

3.4 부동산투자회사의 기대효과

(1) 투자지분을 표준화·증권화한 상품으로 소액투자자에게 투자기회를 제공한다.
(2) 배당(현금 + 현물) 및 주식매각에 따른 시세차익을 기대할 수 있다.
(3) 포트폴리오효과·세금절감효과를 향유할 수 있으며, 인플레이션 헷지 기능을 누릴 수 있다.
(4) 전문회사를 통한 자산운용의 효율성을 제고할 수 있으며, 공시(公示)를 통한 투명성을 확보할 수 있다. 국토교통부장관: 부동산투자회사의 정보시스템 구축·운영한다.
(5) 기업·금융기관 등이 가지고 있는 매물부동산의 효율적 처리가 가능하다(기업구조조저의 수단으로 활용).
(6) 부동산시장의 효율성을 제고하고 질적·양적 수준의 향상에 기여한다.

임대주택 리츠(공공 · 민간)

1. 「부동산투자회사법」상의 정의: 부동산투자회사가 보유하거나 개발한 건축물 연면적의 100분의 70 이상을 임대주택(「민간임대주택에 관한 특별법」에 따른 민간임대주택 및 「공공주택 특별법」에 따른 공공임대주택을 말한다)으로 제공하는 경우에는 주식을 일반인의 청약에 제공하지 아니할 수 있다.

2. 공공임대주택 리츠의 설립 및 운용

   주택도시기금이 자본금을 출자하고, 한국토지주택공사가 임대주책 리츠를 설립 · 운용한다. 이는 '공공희망임대주택 리츠'로 지칭하기도 한다. 주택도시기금은 민간임대주택 리츠에도 필요한 자금을 지원할 수 있다.

   정부는 임대주택 리츠의 수익성 확보와 이의 활성화를 유도하기 위하여 주택에 대한 취득세 면제, 종부세 감면, 재산세에 대하여는 최저세율을 부과하고 있다.

   주식공모의무와 1인당 주식소유한도를 배제하는 등 그 운영규정을 완화하였다.

04 부동산 펀드(Real Estate Fund)

부동산펀드는 「자본시장과 금융투자업에 관한 법률」에 근거한다.

4.1 조직구성

① 펀드의 운용주체: 자산운용사, 투신운용사

   펀드설립 및 운용은 금융위원회의 신고대상이다.

② 판매회사: 은행, 증권회사, 보험사 등 금융기관

③ 자산보관회사: 별도의 수탁은행

④ 펀드가입자: 이익(분배금)만 배당 받는 수동적인 '수익자'의 지위

   투자원금의 손실이 발생할 수 있다.

4.2 유형

① 대출형 부동산펀드: 부동산관련사업에 대출로 운용(PF대출)
② 임대형 부동산펀드
③ 경매형 부동산펀드
④ 직접개발형 부동산펀드
⑤ 해외 부동산펀드

4.3 특징

① 부동산투자회사의 주식에 비하여 환금성은 다소 제한(상장·비상장 가능)
    된다. 발행증권이 일반적으로 수익증권이고, 펀드의 설정기간(3~5년)
    내에는 원칙적으로 환매가 불가(부분적 허용)하다.
② 기존금융기관을 이용하므로 부동산투자회사에 비하여 설립 및 운용이
    용이하다.
③ 부동산펀드의 활성화는 전문적이고 양질의 부동산공급을 가능하게 하
    며, 부동산시장 및 경기활성화에 기여할 수 있다.
④ 프로젝트 파이낸싱의 대출기관(대주단)으로서의 역할을 수행할 수 있다.

05 부동산 신디케이트(소구좌 지분형 부동산투자조합)

① 부동산개발사업을 공동으로 영위하기 위하여 투자자의 자금과 개발업자
    의 전문성이 결합된 조합형태의 투자 조직체이다.
② 개발사업을 위하여 일시적으로 결성되고, 목적이 달성되면 이익배분 후
    청산되는 경우가 일반적이다.
③ 미국에서는 대중성의 결여로 쇠퇴하였고, 부동산투자회사로 발전하였다.
④ 발행증권: 출자증권(대부분 합자회사의 형태)

메자닌(Mezzanine) 금융

6.1 의의

　　개발업자나 건설회사가 보통주 발행과 외부차입으로 자금조달이 어려울 때 전환사채(CB), 신주인수권부사채(BW), 상환우선주, 상환전환우선주 등을 발행하여 자금을 조달하는 방법으로, 조달한 자금의 성격이 지분(주식)과 차입(채권)의 중간적 성격을 가지는 형태이다.

메자닌 금융기법의 종류
- 전환사채(CB)
- 신주인수권부사채(BW)
- 상환우선주
- 상환전환우선주

---

1) 전환사채(CB; Convertible Bond)

① 개념: 미래에 일정한 시점에서 일정한 가격(전환가격)으로, 주식으로 전환할 수 있는 권리가 부여된 채권을 말한다.

② 투자자 입장: 주식으로 전환되기 전에는 사채(채권)로서 확정이자를 받을 수 있고, 주식으로 전환된 후에는 배당과 매매차익을 획득할 수 있다.

③ 발행자 입장: 주식으로 전환권 행사시 행사한 만큼 발행회사(개발회사·건설회사)는 부채가 감소하고, 동일금액만큼 자기자본이 늘어나는 효과가 있다.

　　- 재무구조가 개선(타인자본이 자기자본화)되는 효과가 있다.

　　- 채권이 주식으로 전환되면 발행주체는 사채(채권)에 대한 원금과 이자를 더 이상 부담하지 않는다.

2) 신주인수권부사채(BW; Bond with Warrant)

① 개념: 미리 정해진 가격으로 정해진 수의 신주(주식)를 배정받을 수 있는 권리가 부여된 조건부(옵션부) 채권을 말한다.

② 투자자 입장: 채권자 겸 주주가 된다.
신주인수권부사채의 투자자가 신주인수권을 행사하여 주식을 취득하더라도 채권은 계속 존속된다(채권투자금액과 별도로 현금을 납입하여야 함).

③ 발행자 입장: 사채 발행으로 인한 채무는 그대로 존재한 상태에서 자기자본이 늘어나는 효과가 있다.

6.2 개발업자 입장에서의 기대효과

① 제3자(금융기관 등)의 자본참여에 따른 소유권 상실의 우려를 최소화하면서 무담보로, 일반회사채보다 낮은 금리로 자금을 조달하는 것이 가능하다.

② 개발업자나 공급자의 자본조달을 용이하게 하여 부동산공급 등 부동산 경기활성화에 기여할 수 있다.

부동산금융의 구분 정리

1. 주택소비금융 · 개발금융

주택소비 금융	개인이 주택을 소비 · 수요하고자 자금을 조달하는 방법이다. • 대출: 모기지론, 내집마련 디딤돌대출, 전세자금융대출 등 • 저축: 주택청약종합저축
개발금융	개발업자나 공급자가 부동산을 개발 · 공급하고자 자금을 조달하는 방법이다. • 전통적 건축대부 • 부동산투자회사: 주식 · 회사채 발행, 외부차입 • 부동산펀드: 수익증권 발행, 외부차입 • 신디케이트: 출자증권 발행 • 프로젝트 파이낸싱: 사업의 수익성을 기초로 한 차입 • 개발업자나 금융기관의 PF ABS · PF ABCP의 발행 • 메자닌 금융: 전환사채 · 신주인수권부사채 · 상환우선주 · 상환전환우선주 발행

2. 지분금융 · 부채금융 · 메자닌 금융

지분 금융	자금조달주체가 지분권·출자증권·주식 등을 발행하여 자금을 조달하는 것으로, 조달한 자금은 자기자본이 된다. • 자금조달에 대한 확정적 지급의무가 없으며, 투자자에게 투자운영성과를 배당이나 분배금으로 지급한다. • 지분증권: 부동산투자회사의 주식, 부동산펀드의 수익증권, 신디케이트의 출자증권 등

부채
금융
	저당을 설정하거나 부채증권(채권) 등을 발행하여 타인자본을 조달하는 것으로, 자금조달주체는 대출기관이나 채권투자자에게 고정적인 이자를 지급하여야 한다.
	• 저당금융: 부동산(주택 등)담보대출
	• 프로젝트 파이낸싱: 프로젝트의 수익성을 기초로 한 외부차입
	• 부채증권 발행
	  −ABS(자산유동화증권): 금융기관이나 기업이 보유한 자산을 기초로 발행
	  −MBS(주택저당증권), CMBS, 부동산ABS, PF ABS, PF ABCP 국채, 지방채, 부동산투자회사의 회사채, 주택상환사채 등

메자닌 금융	지분금융과 부채금융의 혼합적 성격을 가지고 있다. • 전환사채(CB): 부채(채권) ⇨ 지분(주식) • 신주인수권부사채(BW): 부채(채권) ⇨ 지분(주식) • 상환우선주: 지분(주식) ⇨ 부채 • 상환전환우선주: 지분(주식) ⇨ 부채

3. 직접금융 · 간접금융

직접 금융	자금조달주체가 자본시장을 통하여 투자자를 모집하여 주식, 채권 등 유가증권을 발행함으로써 자금을 조달하는 방법이다. 주식, 수익증권 채권(국채·지방채·회사채), 자산유동화증권(ABS), 주택저당증권(MBS), 전환사채(CB), 신주인수권부사채(BW) 등을 발행하여 자금을 조달하는 것을 말한다.
간접 금융	자금조달주체가 자금중개기관(금융기관)을 통해 차입하여 자금을 조달하는 것을 말한다. 부동산저당대출, 부동산담보신탁(신탁금융), 부동산투자회사와 부동산펀드의 외부차입, 프로젝트회사(SPC)의 사업성을 기초로 한 외부차입 등이 있다.

04

프로젝트 투자론

도 시 부 동 산 투 자 금 융 론

CHAPTER
01

프로젝트 투자분석 및 기법

01   프로젝트 투자분석 및 기법

부동산 직접투자의 과정

취득(지분 + 부채)	일정기간 운영(운용)	투자기간 말 처분
영속성 · 내구성	임대료수입	매각대금
	이용 · 사용이익	소유이익
	소득이득	자본이득(양도 · 시세차익)
	영업현금흐름	매각현금흐름
	임대차(공간)시장	매매(자산)시장

1.1 요구수익률(기회비용 = 자본비용)

요구수익률 = 무위험이자율 ± 위험할증(보상)률 + 예상인플레이션율
(시간에 대한 비용) (위험에 대한 비용)
예컨대 8% = 3% + 3% + 2%

요구수익률이 충족될 때 부동산투자가 유발될 수 있음.

1) 무위험(이자)률 - 정기예금이자율 또는 국채이자율

일반 경제상황과 관련이 있고(자금시장동향에 따라), 정책금리에 따라 변할 수도 있다. 무위험률의 상승과 정책금리의 인상은 요구수익률을 높이는 요인이 됨.

2) 위험할증(보상·대가)률

① 위험 할증률은 투자자의 태도에 따라 달라질 수 있다. 따라서 요구수익률도 투자자마다 달라지게 됨.
② 위험할증률(프리미엄)이 커지면 요구수익률도 아울러 상승.
③ 투자자가 보상을 받고자 하는 것은 체계적(시장) 위험임.
④ 비체계적 위험은 분산투자를 통하여 감소시킬 수 있음.

3) 부동산이 투자가치·순현가(NPV)와의 관계

대상부동산의 투자가치, 순현가(NPV)를 구할 때 할인율로 사용.

$$부동산의 투자가치 = \frac{순영업소득}{요구수익률}$$

$$순현가(NPV) = 현금유입의 현재가치합 - 현금유출의 현재가치$$

투자의 위험이 커지면(할인율이 커지므로) 부동산의 투자가치, 순현가(NPV)는 작아짐(하락한다).

1.2 투자수익률

1) 수익률의 종류

기대수익률	• 투자로부터 기대·예상되는 수익률, 사전적 수익률 • 단순수익률: 1기간, 1년의 경우(예: 종합자본환원율, 지분배당률 등) • 내부수익률(IRR): 다기간, 여러 기간의 경우(화폐의 시간가치를 고려한 수익률)
실현수익률	사후적 수익률, 투자 이후에 성과를 판단하는 개념

2) 균형시장을 전제한 기대수익률과 요구수익률과의 관계

• 기대수익률 > 요구수익률 ➪ 투자채택
• 기대수익률 < 요구수익률 ➪ 투자기각
• 기대수익률 = 요구수익률 ➪ 균형상태

① 기대수익률이 요구수익률보다 큰 경우: 투자자들이 부동산에 투자하려고 할 것임. 결국 투자수요가 증가하여 부동산의 가치(시장가치)는 상승하게 되고, 이에 따라 부동산의 기대수익률이 점차로 하락하여 기대수익률과 요구수익률이 일치하는 수준에서 균형을 이루게 될 것임.

② 기대수익률이 요구수익률보다 작은 경우: 어떠한 투자자도 부동산에 투자하지 않을 것이다. 결국 투자수요가 감소하여 부동산의 가치(시장가치)는 점차 하락하게 되고, 이에 따라 부동산의 기대수익률이 점차로 상승하여 기대수익률과 요구수익률이 일치하는 수준에서 균형을 이루게 됨.

1.3 화폐의 시간가치(자본환원계수)

현재가치계수(현가)	미래가치계수(내가)
일시불의 현가계수 $= (1+r)^{-n}$ 할인율이 r%일 때, n년 후의 1원이 현재 얼마만한 가치가 있는가를 구한다.	일시불의 내가계수 $= (1+r)^{n}$ 1원을 이자율 r로 예금했을 때 n년 후에 찾게 되는 금액을 구한다.
연금의 현가계수 $= \dfrac{1-(1+r)^{-n}}{r}$ 매년 1원씩 n년 동안 받게 될 연금을 일시불로 환원한 액수를 구한다.	연금의 내가계수 $= \dfrac{(1+r)^{n}-1}{r}$ 매년 1원씩 받게 될 연금을 이자율 r로 계속 적립하였을 때, n년 후에 찾게 되는 금액을 구한다.
저당상수 $= \dfrac{r}{1-(1+r)^{-n}}$ 원리금균등상환방식으로 일정액을 빌렸을 때 매 기간마다 상환할 원금과 이자의 합계(원리금)를 구한다.	감채기금계수 $= \dfrac{r}{(1+r)^{n}-1}$ n년 후에 1원을 만들기 위해서 매 기간마다 적립하여야 할 금액을 구한다.

현재가치계수(현가)	미래가치계수(내가)
일시불의 현가계수 $= (1+r)^{-n}$	일시불의 내가계수 $= (1+r)^{n}$
연금의 현가계수 $= \dfrac{1-(1+r)^{-n}}{r}$	연금의 내가계수 $= \dfrac{(1+r)^{n}-1}{r}$
저당상수 $= \dfrac{r}{1-(1+r)^{-n}}$	감채기금계수 $= \dfrac{r}{(1+r)^{n}-1}$

1.4 확실성 하의 부동산투자분석기법

1) 할인현금수지분석법(DCF; Discounted Cash Flow)

순현가
(NPV)법
	순현가(NPV) ≥ 0 ⇨ 투자채택
	
	① 순현가(순현재가치)
	
	    순현가(NPV)
	    = 현금유입(수익)의 현재가치합 − 현금유출(투자비용)의 현재가치
	    = (보유기간 동안 세후현금수지의 현재가치합 + 기간말
	        세후지분복귀액의 현재가치) − 초기지분투자액
	
	② 할인율(재투자율): 요구수익률(기회비용)
	    ⇨ 위험보상을 반영하며, 투자자마다 다르다.
	③ 순현가를 구하기 위해서는 사전에 할인율을 확정하여야 한다.
	④ 순현가가 '0'보다 크다는 것은 순현가의 크기만큼 투자자의 부(富)가 증
	    가하였다는 의미이다.

내부
수익률
(IRR)법
	내부수익률(IRR) ≥ 요구수익률 ⇨ 투자채택
	
	① 내부수익률: 현금유입의 현재가치합과 현금유출의 현재가치를 일치시키
	    는 할인율로서 순현가를 '0'으로, 수익성지수를 '1'로 만드는 할인율을
	    의미한다.
	② 할인율: 내부수익률(r) ⇨ 위험보상을 반영하지 못한다.
	③ 적정한 할인율을 알 수 없을 때, 현금흐름만 알고 있어도 투자대한의 수
	    익률을 파악할 수 있다는 장점이 있다.

수익성
지수(PI)법
	수익성지수(PI) ≥ 1 ⇨ 투자채택
	
	① 수익성지수: 현금유출의 현재가치에 대한 현금유입의 현재가치합으로,
	    편익/비용(BC)비율이라고도 한다.
	
	$$수익성지수(PI) = \frac{현금유입의 현재가치합}{현금유출의 현재가치}$$
	
	② 투자금액 대비 상대적 투자효율성(수익성)을 파악하고자 하는 것으로,
	    두 투자대한의 순현가가 동일하다면 수익성지수가 큰 것이 우선적으로
	    채택될 수 있다. ⇨ 분석지표에 따라 투자우선순위는 달라질 수 있다.

예 제 1

어떤 부동산을 1억원에 매입하여 투자한 후 모든 경비를 공제하고 1년 후에 1억 2천만원의 수익이 예상된다고 하면 이 부동산에서의 내부수익률은 얼마이겠는가?

풀 이

순현가를 0으로 만드는 할인율이 내부수익률이므로 $1억 = \dfrac{1억\ 2천만}{(1+K)}$

따라서 K(내부수익률) $= 0.2(20\%)$

▶ 정답 : $0.2(20\%)$

예 제 2

다음과 같은 현금흐름을 갖는 투자안 A의 순현가와 내부수익률은? (단 할인율은 연8%, 사업 기간은 1년이며, 사업초기(1월 1일)에 현금지출만 발생하고, 사업말기(12월 31일)에 현금유입 만 발생함)

투자안	금년의 현금지출	내년의 현금유입
A	5,000	5,616

풀 이

• A의 순현가 $= 5,616 \div 1.08 - 5,000 = 200$

• A의 내부수익률 $= \dfrac{616}{5,000} = 12.32\%$

▶ 정답 : (1) A순현가 $= 200$ (2) A의 내부수익률 $= 12.32$

예제 3

현금흐름이 다음과 같은 투자안을 참고하여 아래 질문에 답하시오 (할인율 10%, 사업보유기간은 1년임).

투자안	금년의 현금지출	내년의 현금유입
A	5,000	5,786
B	4,000	4,730
C	3,000	3,575
D	2,000	2,420

(1) A의 순현가와 C의 순현가를 구하고 크기를 비교해보자.

(2) D의 수익성지수를 구해보자.

(3) A와 B의 내부수익률을 구하고 그 크기를 비교해보자.

투자안	유입의 현가	금년의 현금지출
A	5,786 ÷ 1.1 = 5,260	5,000
B	4,730 ÷ 1.1 = 4,300	4,000
C	3,675 ÷ 1.1 = 3,250	3,000
D	2,420 ÷ 1.1 = 2,200	2,000

풀 이

A의 순현가 $= 5,260 - 5,000 = 260$

C의 순현가 $= 3,250 - 3,000 = 250$

D의 수익성 지수 $= 2,200 \div 2,000 = 1.1$

A의 내부수익률 $= \dfrac{786}{5,000} = 15.72\%$

B의 내부수익률 $= \dfrac{730}{4,000} = 18.25\% =$

▶ 정답 : (1) $A : 260,\ C : 250\,(A$가 더 큼$)$

(2) D의 수익성 지수 : 1.1

(3) $A : 15.72\%,\ B : 18.25\%\,(B$가 더 큼$)$

투자안 A의 순현가(NPV)와 내부수익률(IRR)은? (단, 할인율은 연 20%, 사업기간은 1년이며, 사업초기(1월 1일)에 현금지출만 발생하고 사업말기(12월 31일)에 현금유입만 발생함).

투자안	금년의 현금지출	내년의 현금유입
A	5,000	5,616

풀 이

$$순현가 = 현금유입의 현가(5,000, \frac{6,000원}{(1+0.2)^1}) - 현금유출의 현가(5,000원) = 0원$$

$$내부수익률 \Rightarrow 현금유입의 현가(\frac{6,000원}{(1+r)^1}) = 현금유출의 현가(5,000원), r = 20\%$$

▶ 정답: $NPV = 0원, IRR = 20\%$

예 제 5

다음 표와 같은 투자사업들이 있다. 이 사업들은 모두 사업기간이 1년이며, 금년에는 현금지출만 발생하고 내년에는 현금유입만 발생한다고 한다. 할인율이 5%라고 할 때 NPV가 가장 작은 사업과 PI가 가장 큰 사업은?

풀 이

사업	금년의 현금지출	내년의 현금유입	현금유입 현가	순현가(NPV)	수익성지수(PI)
A	300만원	630만원	600만원	300만원	2
B	100만원	315만원	300만원	200만원	3
C	100만원	420만원	400만원	300만원	4
D	100만원	262.5만원	250만원	150만원	2.5

▶ 정답: NPV가 가장 작은 사업: D, PI가장 큰 사업: C

예제 6

사업기간이 1년이며, 사업초기(1월 1일)에 현금지출만 발생하고 사업말기(12월 31일)에 현금유입만 발생한다고 한다. 할인율이 연 7%일 때 순현가와 수익성 지수를 각각 구하시오.

사업	초기현금지출	말기현금유입
A	3,000만원	7,490만원
B	1,000만원	2,675만원
C	1,500만원	3,210만원
D	1,500만원	4,815만원

풀 이

사업	초기 현금지출	말기 현금유입	현금유입 현가	순현가 (NPV)	수익성지수 (PI)
A	3,000만원	7,490만원	7,000만원	4,000만원	2.33
B	1,000만원	2,675만원	2,500만원	1,500만원	2.5
C	1,500만원	3,210만원	3,000만원	1,500만원	2
D	1,500만원	4,815만원	4,500만원	3,000만원	3

▶ 정답: 순현가: A: 4,000만원, B: 1,500만원, C: 1,500만원, D: 3,000만원

단일 투자대안의 경우 순현재가치, 수익성지수, 내부수익률에 의한 투자결정기준

• 순현재가치 > 0, 수익성지수 > 1, 내부수익률 > 요구수익률
• 순현재가치 = 0 수익성지수 = 1, 내부수익률 = 요구수익률
• 순현재가치 < 0, 수익성지수 < 1, 내부수익률 < 요구수익률

※ 할인율이 20%일 때 투자대한의 순현가(NPV)가 '0'이면, 이 투자대한의 내부수익률(IRR)은 20%가 된다.

1) 어림셈 법

경험·대충 셈하여 투자분석하는 방법이다(화폐의 시간가치를 고려하지 않음).

수익률법		역수 관계	승수법	
—			조소득승수	$\dfrac{총투자액}{조소득}$
종합자본환원율 (총자본수익률)	$\dfrac{순영업소득}{총투자액}$	⇔	순소득승수 (자본회수기간)	$\dfrac{총투자액}{순영업소득}$
지분배당률 (자기자본수익률)	$\dfrac{세전현금수지}{지분투자액}$	⇔	세전현금수지승수 (회수기간)	$\dfrac{지분투자액}{세전현금수지}$
세후수익률	$\dfrac{세후현금수지}{지분투자액}$	⇔	세후현금수지승수	$\dfrac{지분투자액}{세후현금수지}$

지렛대(재무 레버리지)효과(Leverage effect)

1. **개념**: 타인자본, 부채를 활용하여 자기자본수익률을 증폭시키는 것으로, 대부비율이나 부채비율의 증감이 자기자본수익률에 미치는 효과를 말한다. 차입금을 동반하면 위험과 수익을 동시에 증폭시킨다.
   - 정(+)의 지렛대효과: 차입이자율보다 자기자본수익률이 더 큰 경우
      ⇨ 차입이자율 < 총자본수익률 < 자기자본수익률
   - 부(−)의 지렛대효과: 차입이자율보다 자기자본수익률이 더 작은 경우
      ⇨ 차입이자율 > 총자본수익률 > 자기자본수익률
   - 중립적 지렛대효과: 차입이자율과 자기자본수익률이 동일한 경우

2. **대부(대출)비율과 지렛대효과**
   - 정(+)의 지렛대효과가 존재할 때, 대출비율을 높이면 높일수록 자기자본에 대한 투자수익률은 높아진다.
   - 부(−)의 지렛대효과가 존재할 때, 대출비율을 높이면 높일수록 자기자본에 대한 투자수익률은 낮아진다.
   - 중립적 지렛대효과가 발생할 때 대출비율을 높이더라도 자기자본에 대한 투자수익률은 변하지 않는다.

3. **대출기관과 지렛대효과**
   - 정(+)의 지렛대효과가 존재하면 대출의 만기가 길수록 자기자본에 대한 투자수익률은 상승한다.
   - 부(−)의 지렛대효과가 존재하면 대출의 만기가 길수록 자기자본에 대한 투자수익률은 하락한다.
   - 중립적 지렛대효과가 존재하면 대출의 만기와는 관계가 없다.

4. **부동산투자에서 차입을 고려하는 이유**
   - 부동산투자에는 거액의 자금이 소요되므로 자기자금만으로 투자하기가 곤란한 경우 부족한 자금을 차입금으로 충당할 수 있다.
   - 자기자본을 충분히 가지고 있으면서도 차입을 선택하고, 남은 자기자본을 다른 부동산에 투자함으로써 분산투자효과를 기대할 수 있다.
   - 차입이자에 대하여 손비(損費)로 인정될 경우 세금혜택을 누릴 수 있다.
   - 재무 레버리지효과를 통하여 자기자본수익률을 높일 수 있다.

2) 재무비율분석법

비율 자체가 왜곡되면 투자의사결정을 바르게 할 수가 없으며, 비율마다 투자의사결정은 다를 수 있다.

- 대부비율 $= \dfrac{융자금}{총투자액(부동산가치)}$
- 부채비율 $= \dfrac{타인자본(부채총계)}{자기자본(자본총계)}$

(1) 대부비율과 부채비율

① 대부비율이 높을수록 재무구조의 안전성은 취약해지며, 금융적 위험이 증가한다.
② 대부비율이 높아지면 부채비율은 더욱 높아진다.

대부비율	20%	50%	60%	80%	100 이상
자기자본비율	80%	50%	40%	20%	
부채비율	25%	100%	150%	400%	무한대

(2) 부채감당률

$$부채감당률 = \frac{순영업소득}{부채서비스액}$$

① 순영업소득이 매기의 부채서비스액(원리금)을 감당할 수 있는가의 능력을 나타내는 지표이다.
② 최소 '1' 이상이 되어야 세전 현금수지가 '+'(플러스)값을 가진다.
③ 부채 감당률이 '1'보다 크다는 것은 순영업소득이 매기의 원리금을 상환하고도 잔여액이 있다는 것을 의미한다.

(3) 채무불이행률

$$채무불이행률 = \frac{영업경비 + 부채서비스액}{유효조소득}$$

재무상태의 안전성을 판단하는 지표로, 유효조소득(유효총소득)이 일정하다면 영업경비와 부채서비스액이 증가할수록 투자자의 채무불이행가능성은 높아진다.

(4) 영업경비비율

$$영업경비비율 = \frac{영업경비}{조소득}$$

영업경비비율이 동종·대체·경쟁부동산보다 높다면 영업경비에 대한 통제가 미흡한 상태이다.

3) 회수기간법

$$투자대안의 회수기간 \leq 목표회수기간$$

① 투자대한의 회수기간이 자체 설정한 목표회수기간보다 짧으면 투자의 타당성이 있는 것으로 파악한다.
② 여러 투자대안 중에서 회수기간이 짧은 투자대안이 타당성이 높다.
③ 단순회수시간법은 화폐의 시간가치를 고려하지 못한다. 이를 보완하기 위하여 현가(PV)회수기간법을 사용한다(화폐의 시간가치를 고려함).
④ 계산은 간단하지만, 목표회수기간의 설정이 자의적이며 회수기간 이후의 현금흐름도 고려하지 않는다.

목표회수기간이 4년이다. 투자채택 여부를 판정하시오.

(단위: 억 원)

기간	0	1	2	3	4	5
현금유출	−400					
현금유입		100	100	200	200	300

풀 이

투자액이 400억원이고 3년동안 400억원을 회수하였으므로 회수 기간은 3년이다. 목표회수기간인 4년보다 투자 대안의 회수기간이 짧기 때문에 투자타당성이 있다.

▶ 정답: 투자 채택

예 제 2

다음 부동산 투자안에 관한 단순회수기간법이 회수 기간은?(단 주어진 조건에 한함)

기간	1기	2기	3기	4기	5기
초기투자액 1억원(유출)					
순현금흐름	3,000만원	2,000만원	2,000만원	6,000만원	1,000만원

• 기간은 연간 기준이며, 회수기간은 월단위로 계산함
• 초기투자액은 최초시점에 전액 투입하고, 이후 각 기간 내 현금흐름은 매월말 균등하게 발생

풀 이

1기 3,000만원, 2기 5,000만원, 3기 7,000만원, 4기에는 3,000만원이 더 필요하므로 6개월만 충족하면 된다. 따라서, 단순회수기간법의 회수기간은 3년 6개월이 된다.

▶ 정답: 3년 6개월

4) 회계적 이익률(수익률)법

$$회계적(정부상)이익률 \geq 목표이익률$$

① 투자대안의 회계적 이익률이 자체 설정한 목표이익률보다 크면 투자의 자당성이 있는 것으로 파악한다.

$$회계적 이익률 = \frac{연평균세후순이익}{연평균투자액(총투자액 \div 2)}$$

② 화폐의 시간가치를 고려하지 못하며, 목표이익률의 설정이 자의적이다. 또한 투자자의 위험보상을 반영하지 못한다.

③ 초기 총투자금액이 일정액씩 감가(정액법)된다는 전제하에 투자분석을 하는 것으로, 실제현금흐름을 기준으로 평가하지 못한다는 단점이 있다.

[예 제 1]

총투자금액 100억원으로 부동산에 투자하고자 한다. 회계적 이익률을 산출하고 투자채택 여부를 판단해보자. (단, 자체 설정한 목표이익률은 10%이다.)

(단위: 억 원)

구분 \ 연도	0	1	2	3	4
세후순이익	—	4	8	10	18
투자의 총장부가치	100	100	100	100	100
감가누계상상액	0	25	25	25	25
투자의 순장부가치	100	75	50	25	0

$$회계적 이익률 = \frac{연평균세후순이익}{총투자액 \div 2} = \frac{(4억원 + 8억원 + 10억원 + 18억원) \div 4}{100억원 \div 2}$$

$$= \frac{10억원}{50억원} = 20\%(0.2)$$

목표이익률 10%보다 회계적 이익률 20%가 더 크므로 투자타당성이 있다.

▶ 정답: 회계적 이익률 = 20%, 투자 채택

02 프로젝트 투자 방법론

2.1 통계적 기법을 이용한 수익 · 위험 측정(정규분포 가정)

구분	확률(P)	부동산A	부동산B
호경기	0.3	100%	40%
정상	0.4	15%	15%
불경기	0.3	−70%	−10%

- 미래 투자수익률의 확률분포

  - $E(R_A) = (0.3 \times 100\%) + (0.4 \times 15\%) + (0.3 \times -70\%) = 15\%$
  - $E(R_B) = (0.3 \times 40\%) + (0.4 \times 15\%) + (0.3 \times -10\%) = 15\%$

- 수익 ⇨ 가중평균, 기대수익률(%)
- 위험 ⇨ 분산(V, σ^2), 표준편차(σ, %)

기대수익을 달성하지 못할 가능성, 투자수익의 변동가능성, 손실의 가능성, 불확실성, 기대와 실제의 차이, 수익률분포도의 크기, 평균(기대값)으로부터 벗어나는(흩어져 있는) 정도를 의미한다.

■ 정규분포를 통한 투자수익률의 확률분포도

- $\sigma_A^2 = (1.0-0.15)^2 \times 0.3 + (0.15-0.15)^2 \times 0.4 + (-0.7-0.15)^2 \times 0.3$

    $= 0.4335 = (0.6584)^2$

- $\sigma_B^2 = (0.4-0.15)^2 \times 0.3 + (0.15-0.15)^2 \times 0.4 + (-0.10-0.15)^2 \times 0.3$

    $= 0.0375 = (0.1936)^2$

1) 위험에 대한 투자자의 태도 – 합리적·이성적 투자자와 위험회피적· 기피적·혐오적 투자자

① 위험회피적이라는 말은 사람들이 전혀 위험을 감수하지 않겠다는 의미
가 아니다. 위험을 전혀 감수하지 않고 얻을 수 있는 수익률은 무위험률
밖에 없다. 따라서 위험 회피적인 투자자라도 수익을 얻기 위해서는 기
꺼이 이에 대한 위험을 감수한다.

② 두 투자대한의 기대수익률이 동일하다면 분산(위험)이 작은 것을 선택하게
되고, 분산(위험)이 동일하다면 기대수익률이 큰 것을 선택하게 된다.

③ 위험회피형 투자자는 위험이 커지면 기대수익률을 높이게 된다. 이는 무
차별 효용곡선으로 표시된다(아래쪽을 향하여 볼록한 우상향의 형태).

2.2 평균-분산 지배원리와 효율적 포트폴리오의 선택

구분	부동산A	부동사B	부동산C	부동산D	부동산E
기대수익률(%)	5	4	10	10	8
표준편차(%)	4	4	14	18	6

1) 평균-분산 지배원리

불확실성 하에서 기대수익(평균)이 동일하다면 위험(분산)이 작은 투자대안
을 선택하고, 위험(분산)이 동일하다면 기대수익(평균)이 높은 투자대안을 선택

하는 것을 의미한다.

2) 효율적 포트폴리오(효율적 투자대안)

① 지배원리에 의하여 선택된 개별투자대안 혹은 투자대안의 집합체를 효율적 투자대안 또는 효율적 포트폴리오라고 한다. ⇨ 투자대상 후보(2

② 효율적 포트폴리오 집합: 효율적 투자대안(포트폴리오)의 묶음으로, 효율적 전선(투자선) · 프론티어로 표시된다(우상향). 이는 위험 – 수익의 상쇄관계를 의미한다.
   - 효율적 전선 · 프론티어: 동일한 위험하에서 최고의 수익률을 얻을 수 있는 투자대안을 모두 연결한 곡선을 말한다.
   - 효율적 전선에 존재하는 투자대안은 모두 동일한 효용을 제공한다.

3) 변동(변이)계수(CV)

① 상호 지배관계에 있지 않은, 기대수익률과 위험이 서로 다른 투자대안의 상대적 위험적도를 구하는 지표이다.

② 여러 투자대안 중 표준편차가 가장 작은 투자대안이라고 하여도 변동계수까지 가장 작은 것은 아니다.

$$\text{변동(변이)계수} = \frac{\text{표준편차}(\%)}{\text{기대수익률}(\%)}$$

4) 최적 포트폴리오

효율적 전선과 투자자의 무차별(효용)곡선이 접하는 점(접점)에서 위험선호도까지 고려하여 최종적으로 선택된 투자대안을 말한다.

① 공격적 투자자와 부수적 투자자의 최적투자대안은 다르다.

② 보수적 투자자일수록(위험을 회피할수록) 무차별곡선의 기울기는 급하고, 공격적 투자자일수록 무차별곡선의 기울기는 완만하다.

2.3 부동산투자의 위험

1) 부동산투자위험의 구분

사업상 위험	• 시장위험: 수요·공급상황에 기인한 위험, 시장의 불확실성에 따른 위험이다. • 운영위험: 경영관리의 어려움(종업원·영업경비의 통제)에 따른 위험이다. • 위치적 위험: 부동성, 상대적 위치의 가변성에 따른 위험이다. ⇨ 경제적 감가
금융적(재무적) 위험	타인자본의 활용으로 부(−)의 지렛대효과가 발생하면 채무불이행가능성이 높아진다. • 전액 자기자본으로 투자하면 금융적 위험은 제거될 수 있다. • 투자액을 고정금리로 조달하였더라도 금융적 위험은 존재한다.
법적(행정적·제도적) 위험	정부정책이나 공법상 규제변경, 원주민과의 마찰 및 민원발생, 소유권의 하자 등으로 인한 위험이다.
인플레이션위험	• 임대수익의 화폐가치 하가 위험 = 구매력 하락위험 • 반면에 부동산은 실물 자산이므로 인플레이션 보호기능(헷지)이 있다. ⇨ 영속성
유동성(환금성) 위험	• 시장가치보다 낮은 가격으로 매도하는 과정에서 발생하는 부동산가치의 손실가능성을 의미한다. • 간접투자(부동산투자회사의 주식)를 선택하면 유동성위험은 감소한다.
이자율 상승위험	이자율의 상승은 여타 투자자의 요구수익률 상승을 유발하므로 부동산의 투자가치는 하락한다. 따라서 부동산의 매각과정에서 가치손실이 발생할 가능성이 있다.
투자금액의 불가분성	부동산 직접투자는 투자금액에 대한 분할매수 혹은 분할매도가 제한된다. ⇨ 환금성 악화
높은 세금부담	부동산 직접투자는 주식·채권 등 유가증권투자보다 세금부담이 많은 편이다.

자료: 해커스공인중개사, 핵심요약집, 2017 참고하여 재정리

2.4 분산투자(포트폴리오이론)기법

1) 의의

포트폴리오를 구성하는 구성 종목 수를 다양화함으로써 비체계적 위험을 감소시켜 안정된 결합 편익(잠재적 이익)을 추구하고자 하는 것이다.

2) 포트폴리오 총 위험의 정리

체계적 위험(시장위험)	비체계적 위험(개별위험)
모든 투자대안에 공통적으로 영향을 미치는 위험(이자율변동위험, 경기변동위험, 인플레이션위험)	개별투자대안마다 각각 다르게 나타나는 위험
분산투자로 회피할 수 없는 위험, 분산불가능위험, 분산투자를 통하여 제거할 수 없는 위험	분산투자로 회피할 수 있는 위험, 분산가능위험, 불필요한 위험 포트폴리오를 구성하면 비체계적 위험은 감소되는 효과가 있다.

① 포트폴리오를 구성하는 종목 수를 증가시키면 개별자산 간의 수익률분포도가 상이하므로, 서로 위험이 상쇄되는 효과가 발생한다.
② 체계적 위험은 제거가 불가능하므로 총위험이 '0'이 되지는 않는다.

3) 효율적인 분산투자전략

포트폴리오 종목 수를 고려한 분산투자: 포트폴리오를 구성하는 종목 수를 무한대로 증가시키면, 통계학적으로 비체계적 위험을 '0'까지 감소시킬 수 있다. 그러나 수많은 종목구성에 대한 과다한 비용이 소모되고 관리의 어려움이 존재하게 된다.

4) 종목별 가중치를 고려한 분산투자

① 공격적 투자자는 기대수익이 높은 투자대안의 비중을 늘리고, 보수적 투자자는 기대수익이 낮은 투자대안의 비중을 늘린다.

② 포트폴리오의 기대수익률 측정(포트폴리오의 비중은 부동산A는 40%, 부동산B는 60%임)

구분	각 경제상황이 발생할 확률(%)	각 경제상황에 따른 예상수익률(%)	
		부동산A	부동산B
호경기	60	15	20
불황	40	5	10

③ 종목별 투자금액의 가중치에 따라 포트폴리오의 기대수익률은 달라진다.

④ 위험자산(부동산 + 주식)끼리 배합하는 것보다 위험자산(부동산)과 무위험자산(국채)을 결합하는 것이 포트폴리오의 위험분산효과를 더 크게 할 수 있다.

5) 투자자산간 수익률의 움직임을 고려한 분산투자

두 자산간 수익률의 움직임이 유사한 종목으로 구성하는 것보다 상이한 종목으로 구성하는 것이 분산투자효과가 더 크다.

① 상관계수 = +1: 두 자산의 수익률 움직임이 완전 정(+)의 관계, 완전히 비례, 완전히 동일한 방향으로 동일한 폭만큼 움직인다. 분산투자효과는 전혀 없으므로 비체계적 위험을 전혀 감소시킬 수 없다. 상관계수 값이 '+1'만 아니라면(=완전히 상호 연관되어 있지 않다면) 분산투자효과는 존재한다.

② 상관계수 = -1: 두 자산의 수익률 움직임이 완전 부(-)의 관계, 완전히 반비례, 완전히 반대방향으로 동일한 폭만큼 움직인다. 분산투자효과는 극대화되므로, 비체계적 위험을 '0'으로 만들 수 있다. 상관계수 값이 '-1'인 경우를 제외하면, 비체계적 위험은 '0'이 되지 않는다.

③ 상관계수 = 0: 두 자산의 수익률 움직임이 아무런 관련이 없다. 그렇다고 하더라도 분산투자효과는 있다.

④ 두 자산간의 상관계수 값이 '+1'에 근접할수록 분산투자효과는 작아지고, '−1'에 근접할수록 분산투자효과는 커진다.

⑤ 기대수익률과 표준편차만 고려하면, 종목 수가 많은 포트폴리오가 종목 수가 적은 포트폴리오보다 분산투자효과는 더 크다. 그러나 상관계수까지 고려한다면, 수익률의 움직임이 상이한 두 종목의 포트폴리오가 수익률의 움직임이 유사한 세 종목의 포트폴리오보다 분산투자효과가 더 클 수 있다.

6) 부동산 포트폴리오의 장ㆍ단점

장점	투자금액에 제한을 두지 않는다면, 부동산은 개별성ㆍ지역성ㆍ부동성 등으로 포트폴리오 구성이 용이하므로 분산투자효과를 기대할 수 있다. 동일한 부동산 유형이더라도 지역을 달리하면 분산투자효과는 존재하며, 동일한 지역 시장이더라도 유형을 달리하면 분산투자효과는 존재한다.
단점	개별성으로 인하여 시장 포트폴리오의 수익률(투자성과) 측정이 곤란하다. 이에 따라 수익률로만 투자성과를 판단하는 것은 합리적이지 못하다. 포트폴리오관리(시장상황에 따른 능동적 대응) 및 수정이 곤란하다. 따라서 부동산은 표준화되지 못하여 환금성이 취약하므로 주식과 달리 장기 포트폴리오를 구성할 필요가 있다.

자료: 해커스공인중개사, 핵심요약집, 2017 참고하여 재정리

부동산PF의 사례(한남 더 힐)

1) 개발의 개요

① 대지면적: 40,697평, 건축면적: 9,556평
② 사업연면적: 63,419평(지상 12층, 지하 2층)

2) 세대구성

평형	26평	65평	74평	81평	85평	91평	100평	합계
세대수	133	36	131	3	204	57	36	600
분양가	555	2,049	2,524	2,900	3,158	3,434	4,171	
보증금	380	1,488,	1,725	1,848	2,002	2,201	2,509	
월임대료	0.79	2.53	2.94	3.15	3.41	3.75	4.27	

3) 개발방식

'10년말 준공,' 11년초 임대 시작, '13년말 감정가격으로 분양 전환

01 사업수지 분석

1) 총사업비

① 총사업비: 1조 1,081억원
② 사업비 구성: 토지비 3,957억원, 공사비 4,182억원, 간접비 등 2,942억원

2) 사업수지

(예상)매출	매출원가	사업손익
1조 4,873억원	1조 1,081억원	3,792억원(25.5%)

비고: 준공시점까지 임대보증금 9,943억원 납입, 2013년 분양전환 시 4,930억원의 추가수입 발생

3) PF대출

① 대출총액 6,000억원, 대출만기 3년(2012.04.27.)
② 상환재원: 준공까지 발생하는 임대보증금 9,943억원 중 공사비 제외금액

02 PF대출의 개요

1) PF대출내역

총대출금액: 6,000억원

대출형태	대출금액	만기	금리	등급	신용보강
직접대출	140,000 백만원	2년			
ABS 유동화	100,000 백만원	2년	5.1%	AAA	산업은행의 신용보강
	120,000 백만원	1년	8.0%	A−	대우건설의 연대보증
	240,000 백만원	1년	9.5%	A−	

2) 주요 채권보전

① 부동산 관리처분신탁 수익권 1순위 질권
② 분양대금수납계좌, 자금집행계좌, 이자적립계좌에 대한 예금채권 질권
③ 시행사 주식에 대한 근질권 설정

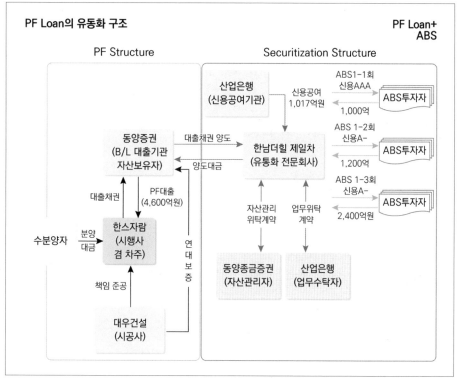

한남더힐 PF Loan의 유동화 구조

CHAPTER

03

부동산금융의 당면과제와 시사점

01 부동산 PF의 진화 과정

1) 공모형 복합 PF개발사업

① 공공주체가 특정 개발사업을 공동 또는 단독으로 추진할 민간사업자를 공개적 선정

② 주거, 업무, 상업, 유통, 숙박 등 2가지 이상의 용도를 복합적으로 개발하는 복합단지

③ 사업비용이 크고, 수익형 부동산의 비중이 높기 때문에, PF의 제한소구에 기초

2) 공모사업의 수익창출모형

① 주거형 부동산(주상복합)을 선분양한 현금흐름으로 비주거형 부동산 개발 추진

② 수익부동산의 장기운영위험을 헷지하기 위하여 자산투자자·Anchor Tenant 유치

③ PFV를 활용한 절세효과 도모: 취등록세 50% 감면 및 중과세 면제, 법인세 감면

3) 공모사업 관련 이슈

① 사업자 선정 시 지나친 토지가격 경쟁: 높은 지가 · 분양가 · 상업비중, 주변 지가 급등

② 외자유치 가정: 이면계약으로 수익률 보장, 심한 경우 국내자본의 변형된 유치

③ 건설사의 의무 과중: FI투자금 Put Option, 공공 투자금 복리 보장, PF 지급보증 등

02 한국 부동산 금융의 당면과제

1) 올해 내내 상환압박

① 금융권 PF잔액 67조원의 38%인 25조원이 연내 만기 도래(금감원)

② 36개 주요 건설사 상반기에만 14조원 만기 도래(한국기업평가)

③ 적기에 상환 내지는 연장되지 않으면, 지속적인 금융불안의 위험초래가능

2) K-IFRS

① 상장 건설회사의 IFRS 준수: 우발채무의 부채 인식문제

② 신규 PF채무보증이 쉽지 않은 상태: 은행권 신규취급의 부담

3) 금융권의 심리적 위축

① 은행들은 기존 여신의 만기연장 · 대환 이외에 신규취급 자제 예상

② 각 금융기관의 기존부실채권을 정리하지 않고서는 신규취급은 금융당국이 허용 안 함.

③ 금감원의 규제로 저축은행들은 사실상 신규대출이 쉽지 않을 것.

④ 증권사도 신규 주선이 곤란: 우량 건설회사 위주로 한 유동화에 제동이 걸릴 것임.

03 신탁제도의 활용 필요성

1) 신탁제도를 활용해야 하는가?

자산에 대한 배타적 권리 확보

2) 근저당보다 신탁제도를 활용하는 이유

① 후순위권자의 권리설정 방지, 타 채권자의 강제집행 및 파산재단 포함 차단
② 환가 절차의 편리성: 신탁회사의 공매/수의계약을 통해 환가, 환가절차가 간소하고 단시일 내 정리가 가능함

3) 근저당 보다 신탁제도를 활용하는 이유

① 토지(개발)신탁: 지주가 토지를 위탁, 신탁사가 개발사업 수행 이후 수익을 돌려줌
② 관리신탁: 단순히 소유권만 관리하는 갑종, 임대차 등 관리업무를 수행하는 을종
③ 담보신탁: 신탁사가 채권자를 위하여 담보부동산을 보관하고 수익권증서를 발급. 채무불이행시 담보부동산을 환가하여 그 대금을 채권자에 변제대금으로 교부함.
④ 처분신탁: 대형/고가의 부동산 등 처분하기 곤란한 부동산을 효율적으로 처분함.
⑤ 분양관리신탁: 사업자가 건축물의 선 분양을 위해 신탁사에 소유권 및 분양대금을 보전 관리하게 함으로써 수분양자를 보호하고 채무불이행시 환가처분하는 제도

04 부동산 개발 금융의 현주소

1) 단기 분양 위주의 사업 진행으로 경기변동, 금융시장 상황에 따른 충격에 취약한 구조

국내PF의 경우 단기 분양 위주의 사업 진행으로 경기변동, 금융시장 상황에 따른 충격에 취약한 구조이다. 미국의 상업용 모기지금융 등 같은 중장기적으로 자금을 운용할 수 있는 인프라가 잘 갖춰져 있지 않아 대규모 개발사업 진행을 위한 유동성 확보가 쉽지 않다.

2) 시공사의 신용에 절대적으로 의존하고 있는 현행 PF 시스템의 한계

미래의 사업성을 기초로 제공되는 것이 아닌 시공사의 신용공여(지급보증, 책임준공, 채무인수 등)에 절대적으로 의존하고 있는 현행 PF 시스템상 시공사가 공사 실적 또는 유동성 필요에 따라 무리하게 사업에 참여하는 경우 시공사의 유동성 악화로 이어져 프로젝트와 상관없이 부실을 유발하게 된다. 그로 인해 시행사 및 금융회사가 연쇄적으로 영향을 받게 된다.

3) 부실한 사업성 평가

시공사에 대한 의존도가 높은 사업방식은 필연적으로 정확한 사업성 평가 시스템 구축을 소홀히 하는 결과를 초래하게 된다. 그 결과 부실대출과 시공사의 신용도 등에 의존하는 대출관행의 원인이 된다. 시공사의 경우 위험부담에 따른 수익성 확보를 위하여 추가로 사업비를 인상하여 공사비 및 고분양가의 원인이 되고 있다.

4) 영세 개발사업자의 무분별한 난립

국내 PF는 사업이 성공하는 경우 레버리지 효과로 엄청난 자기자본이익률을 실현할 수 있는 반면, 실패하는 경우에도 최소한의 자기자본만 손실 처리하면 되는 구조로 되어 있다. 이에 따라 개발사업자(시행사)로 하여금 자기자본을 최소한으로 하고 외부차입을 극대화하도록 하는 유인을 제공함에 따라, 영세 개발사업자의 무분별한 난립을 부추겨 건전한 개발사업마저 평가절하되거나 위축되도록 만들고 있다.

5) 기존 PF 차입금의 부외금융 처리가 제한됨에 따라 프로젝트의 부실화 우려

국제회계기준(IFRS) 도입에 따른 회계처리 방법 변경으로 기존 PF 차입금의 부외금융 처리가 제한됨에 따라 프로젝트의 부실화가 시공사의 부채비율에 직접적으로 반영되는 등 외부환경이 급격히 변화하여 PF 시스템을 현행대로 유지하기는 어렵게 되었다(유구현, 한국자산관리공사, 'PF대출의 효율적 관리방안에 대한 제언'참고하여 재정리).

낮은자기자본 높은부채비율	• 영세한 자기자본(사업비의 2~3%)으로 벌리는 투기게임과 유사 • 장기간의 준비보다 순간적인 기회 포착과 낮은 비용으로 토지작업 • 의사결정의 단기화·동시화: 사업성 자체보다 구조가 보다 중요 • 높은 부채비율은 금융환경 변화, 경기변동에 매우 취약한 사업구조
건설사는 해결사?	• 개발사업의 모든 Risk를 시공사에 부과(비용위험, 분양위험, 신용위험) • 사업진행 중 재원 과부족시 시공사가 시행사에 자금대여를 강요받음 (자금보충) • 시공사는 공사비를 받지 못하더라도 적기에 목적을 준공 강제(책임 준공) • 시행사와 연대하여 채무이행(연대보증) 또는 채무불이행 시 시행사 채무인수
금융기관의 소극성	• 전문성의 부족('숲은 보지 않고 나무만 본다') • 저금리시대 대출경쟁, 계약금PF대출 • 은행·보험사 등의 비금융자회사 지분출자 제약, 무수익 장기자산화 • BIS비율 등으로 지분투자, 펀드를 통한 대출 등 근본적 한계

05 PF 지급 보증의 함정

- 일반적인 PF규모는 필수경비(토지비, 분양비용, 설계감리비 등)를 지원하는 규모
- 분양률 0%를 가정하면 시공사는 최대 PF원리금 및 공사대금 전액을 감당해야 함

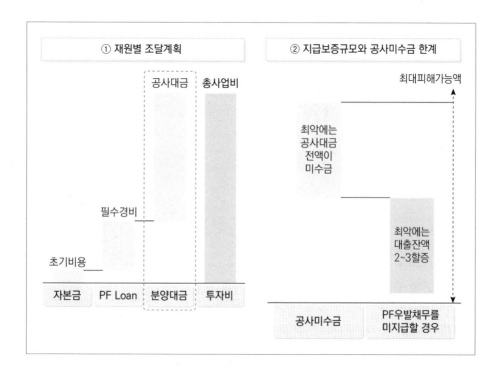

06 부동산 PF의 한계

1) 전통적인 프로젝트 금융

① 전통적인 PF는 실 차주에 비소구 내지는 제한소구. 실제 완전 비소구는
거의 없음
② 분양사업은 위험한 자본구조, 불확실한 현금흐름으로 높은 신용보강 필요

2) 분양보증의 함정: 결국 신용여신

① 대주단의 분양보증서 발급시 대주의 모든 권리가 후순위임을 인정
② 보증사고 발생시 대주보 채권회수 후 잔여금을 타채권자들과 안분
③ 대출시 토지담보 확보, 분양시 신탁등기 해지: 시행사 신용여신 전환, 신
용보강

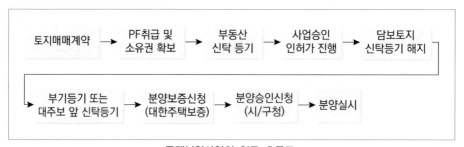

주택분양사업의 업무 흐름도

07 한국 부동산 금융의 발전방향

1) 부분 보증제(대출금액-환가가치평가액)를 도입의 필요

사업부지 환가가치평가를 통한 부분 보증제(대출금액−환가가치평가액)를 도입하여 시공사의 PF 보증규모 부담 완화 후 시공사 연대보증제를 제한하거나 금지하는 방향으로 제도를 정비해야 함.

2) 프로젝트의 분양성, 인허가 리스크, 민감도 평가 등의 엄격한 사업성 평가

금융기관 자체 사업타당성 검토를 강화하여 해당 프로젝트의 분양성, 인허가 리스크, 민감도 평가 등의 엄격한 사업성 평가를 실시해야 한다. 이렇게 함으로써 타당성이 적은 사업은 걸러내고 사업성이 뛰어난 프로젝트는 책임 준공할 수 있도록 중장기적으로 자금을 지원하는 시스템으로 금융 환경이 전환되어야 함.

3) 건설자금대출(Construction Loan)의 활성화

원활한 유동성 확보를 위해 상업용 모기지대출(permanent loan) 전환을 전제로 한 건설자금대출(construction loan)을 활성화하고 상업용 모기지 유동화증권(CMBS/Conduit Loan)의 발행하는 등 선진 금융시스템을 운용할 필요가 있음.

4) PF 대출 관련 정보를 DB화 하여 PF 대출 감시시스템의 구축

PF 대출 모니터링 및 통계의 신속한 집계·분석·활용도 제고 등을 위해 PF 대출 관련 정보를 DB화 한다. 이를 통해 PF 대출 관련 상시 감시 시스템을 구축하여 운영해야 함.

5) 자산운용 기준을 강화하여 PF대출 여신한도를 단계적으로 축소

PF 등 부동산·건설업종으로의 여신 쏠림 현상을 완화하기 위해 자산운용

기준을 강화하여 PF대출 여신 한도를 단계적으로 축소시켜야 한다. 아울러 금융기관의 자산적정성 기준 및 자산건전성 분류기준을 단계적으로 강화하는 정책이 필요함(유구현, 한국자산관리공사, 'PF대출의 효율적 관리방안에 대한 제언' 참고하여 재정리).

저자소개

원제무

원제무 교수는 한양 공대와 서울대 환경대학원을 거쳐 미국 MIT에서 도시공학 박사학위를 받고, KAIST 도시교통연구본부장, 서울시립대 교수와 한양대 도시대학원장을 역임한 바 있다. 도시재생, 도시부동산프로젝트, 도시교통, 도시부동산정책 등에 관한 연구와 강의를 진행해 오고 있다.

서은영

서은영 교수는 한양대 경영학과, 한양대 공학대학원 도시SOC계획 석사학위를 받은 후. 한양대 도시대학원에서 '고속철도개통 전후의 역세권 주변 토지 용도별 지가 변화 특성에 미치는 영향 요인 분석'으로 도시공학박사를 취득하였다. 그동안 부동산 개발 금융과 지하철 역세권 부동산 분석 등에도 관심을 가지고 강의와 연구논문을 발표해 오고 있다.
현재 김포대학교 철도경영과 학과장으로 철도정책, 철도경영, 서비스 브랜드 마케팅 등의 과목을 강의하고 있다.

도시부동산 투자금융론

초판발행	2020년 8월 10일
지은이	원제무·서은영
펴낸이	안종만·안상준
편 집	전채린
기획/마케팅	이후근
표지디자인	조아라
제 작	우인도·고철민
펴낸곳	(주) **박영사**
	서울특별시 종로구 새문안로3길 36, 1601
	등록 1959. 3. 11. 제300-1959-1호(倫)
전 화	02)733-6771
f a x	02)736-4818
e-mail	pys@pybook.co.kr
homepage	www.pybook.co.kr
ISBN	979-11-303-1048-0 93320

copyright©원제무·서은영, 2020, Printed in Korea

정 가   17,000원